ACCESO GRATIS *a la Lectura en la Nube*

Para visualizar el libro electrónico en la nube de lectura envíe junto a su nombre y apellidos una fotografía del código de barras situado en la contraportada del libro y otra del ticket de compra a la dirección:

ebooktirant@tirant.com

En un máximo de 72 horas laborables le enviaremos el código de acceso con sus instrucciones.

REGULACIÓN DE LA INTELIGENCIA ARTIFICIAL EN LA SANIDAD ESPAÑOLA

Procedimiento de selección de originales, ver página web:
www.tirant.net/index.php/editorial/procedimiento-de-seleccion-de-originales

REGULACIÓN DE LA INTELIGENCIA ARTIFICIAL EN LA SANIDAD ESPAÑOLA

DR. ÓSCAR ANDRÉS MOLINA

tirant lo blanch
Valencia, 2024

En caso de erratas y actualizaciones, la Editorial Tirant lo Blanch publicará la pertinente corrección en la página web www.tirant.com.

© TIRANT LO BLANCH
EDITA: TIRANT LO BLANCH
C/ Artes Gráficas, 14–46010–Valencia
TELFS.: 96/361 00 48–50
FAX: 96/369 41 51
Email:tlb@tirant.com
www.tirant.com
Librería virtual: www.tirant.es
DEPÓSITO LEGAL: V-2803-2024
ISBN: 978-84-1071-595-0
MAQUETA: Disset Ediciones

Si tiene alguna queja o sugerencia, envíenos un mail a: *atencioncliente@tirant.com*. En caso de no ser atendida su sugerencia, por favor, lea en *www.tirant.net/index.php/empresa/politicas-de-empresa* nuestro procedimiento de quejas.

Responsabilidad Social Corporativa: http://www.tirant.net/Docs/RSCTirant.pdf

Agradecimientos y dedicatorias

Ha sido un inmenso placer haber podido investigar y profundizar en este estudio que forma parte ya no solo de mi tesis si no de mi vida personal y profesional.

De la misma forma que la inteligencia artificial ha ido cambiando y actualizándose con el paso de los años, pienso que ha ocurrido lo mismo con respecto a mí, no solo como profesional e investigador, sino también como persona.

Me gustaría agradecer en primer lugar a mi director de tesis Benjamín Herreros Ruiz Valdepeñas su dedicación y compromiso en toda mi etapa como doctorando. Su profesionalidad y su calidad como persona, médico y amigo hacen que este eternamente agradecido y sienta una gran admiración.

Por su puesto, querría agradecer a mi pareja Carolina Alonso Lineros su amor, cariño, compromiso, respeto y paciencia en todas y cada una de las etapas que he tenido a lo largo de la tesis. Eres y has sido muy importante a lo largo de todo el camino. "Por y para".

También me gustaría agradecer a todos mis amigos los ánimos y la energía positiva que me habéis transmitido y brindado a lo largo de todos estos años, especialmente a Lorena Senén, Nuria Rodríguez, Rubén Herrero, Javier Retamal, Juan Vivas y Álvaro Rubio.

Para finalizar, me gustaría dedicar esta tesis a mis padres Susana Agustina Molina Merino y Bienvenido Andrés González por el amor y la educación que me habéis regalado a lo largo de todos estos años. Me siento muy afortunado de ser vuestro hijo y de que hayáis podido estar a mi lado en cada etapa y éxito de mi vida.

Índice

Resumen / Abstract

Introducción: La aplicación de la inteligencia artificial (IA) en medicina es reciente. Según diversas publicaciones, la regulación actual de la IA en medicina es escasa o está desfasada. Además, su aplicación está planteando problemas éticos relevantes que no están siendo respondidos. Dado que hasta este momento no se ha estudiado cómo es la regulación de la IA en la medicina española, ni tampoco qué problemas éticos está presentando, se ha diseñado el presente estudio para investigar qué problemas éticos y legales está teniendo la IA cuando se aplica al mundo sanitario en España. **Objetivos**: El objetivo general es describir los problemas éticos y legales que está teniendo la aplicación de la IA en la sanidad española. Objetivos específicos: 1) Analizar la normativa española relacionada con la Inteligencia Artificial aplicada a la medicina; 2) Describir la opinión que tienen los profesionales sanitarios sobre la aplicación de la Inteligencia Artificial a la medicina. **Material y Métodos**: Para responder a los objetivos trazados se ha realizado un estudio en dos fases. Primero se ha llevado a cabo una revisión bibliográfica sobre la normativa vigente en España en relación a la IA aplicada a la medicina. En segundo lugar, se ha realizado un cuestionario a profesionales sanitarios españoles sobre IA, donde se pregunta acerca de su experiencia, conocimiento y qué problemas éticos les suscita la IA. **Resultados**: Se han identificado numerosos problemas éticos, entre otros: riesgo de deterioro de la relación clínica, deshumanización de la asistencia sanitaria, falta de claridad en las responsabilidades, sesgos que puedan perjudicar a los usuarios, falta de transparencia y conflictos de intereses, vulneración de determinados derechos fundamentales de los usuarios y posible discriminación de en determinados pacientes. Se detecta una ausencia de regulación apropiada que permita hacer frente a los nuevos supuestos que plantea el uso de la IA en sanidad, tanto a nivel nacional como internacional (en la UE), lo cual puede conducir a la vulneración de los derechos fundamentales, a falta de claridad respecto a las responsabilidades legales y a la discrecionalidad en las sanciones por malas prácticas. Los profesionales sanitarios encuestados, en general, no tienen mucho conocimiento sobre la IA en el sector de la salud, tanto de su uso como de sus posibles aplicaciones. La mayoría piensa que en el futuro la IA mejorará la asistencia sanitaria. Los principales problemas que identifican, además de la deshumanización y de la falta de claridad en las responsabilidades, son el temor de ser sustituidos por las máquinas y la inseguridad de la tecnología. **Conclusiones**: Existen numerosos problemas éticos derivados de la aplicación de la IA a la medicina y, además, su regulación (legal y deontológica) es inadecuada. Es necesario que los sanitarios españoles sean formados en el uso apropiado de la IA, para que así mejoren sus competencias técnicas y, sobre todo, para que desarrollen las adecuadas competencias éticas, las cuales deben garantizar que el uso de IA sea verdaderamente en beneficio de los usuarios. Urge además que las normativas españolas y europeas regulen con detalle la IA aplicada a la medicina, para que su uso sea adecuado y para evitar los riesgos que la IA pueda conllevar. En función de los resultados de la investigación realizada, el presente trabajo realiza una propuesta sobre dicha regulación basada.

Palabras clave: Legislación sanitaria en España, Derechos Fundamentales, Big data, protección de datos, Inteligencia Artificial y Códigos Deontológicos.

Introduction: The application of artificial intelligence (AI) in medicine is recent. According to various publications, current regulation of AI in medicine is scarce or outdated. Moreover, its application is raising relevant ethical issues that are not being answered. Given that until now no study has been made of the regulation of AI in Spanish medicine, nor of the ethical problems it is presenting, the present study was designed to investigate the ethical and legal problems that AI is having when applied to the world of health care in Spain. **Objectives**: The general objective is to describe the ethical and legal problems that the application of AI in Spanish healthcare is having. Specific objectives: 1) To analyze the Spanish regulations related to Artificial Intelligence applied to medicine; 2) To describe the opinion that healthcare professionals have about the application of Artificial Intelligence to medicine. **Material and Methods**: In order to respond to the objectives outlined, a two-phase study was carried out. First, a literature review was carried out on the regulations in force in Spain in relation to AI applied to medicine. Secondly, a questionnaire was sent to Spanish healthcare professionals on AI, asking them about their experience, knowledge and the ethical problems that AI raises for them. **Results**: Numerous ethical problems have been identified, among others: risk of deterioration of the clinical relationship, dehumanization of health care, lack of clarity in responsibilities, biases that can harm users, lack of transparency and conflicts of interest, violation of certain fundamental rights of users and possible discrimination against certain patients. There is a lack of appropriate regulation to address the new scenarios posed by the use of AI in healthcare, both nationally and internationally (in the EU), which can lead to the violation of fundamental rights, lack of clarity regarding legal responsibilities and discretionary sanctions for malpractice. The healthcare professionals surveyed, in general, do not have much knowledge about AI in the healthcare sector, both its use and its possible applications. Most think that in the future AI will improve healthcare. The main problems they identify, besides dehumanization and unclear responsibilities, are the fear of being replaced by machines and the insecurity of the technology. **Conclusions**: There are numerous ethical problems derived from the application of AI to medicine and, in addition, its regulation (legal and deontological) is inadequate. It is necessary for Spanish health care professionals to be trained in the appropriate use of AI in order to improve their technical skills and, above all, to develop adequate ethical skills, which should guarantee that the use of AI is truly for the benefit of users. It is also urgent that Spanish and European regulations regulate AI applied to medicine in detail, so that its use is appropriate and to avoid the risks that AI may entail. Based on the results of the research carried out, this paper makes a proposal for such a regulation.

Keywords: Health legislation in Spain, Fundamental Rights, Big data, data protection, Artificial Intelligence and Deontological Codes.

Abreviaturas

Sigla	Español	Inglés
Act.	Acta	Act
AEMPD	Agencia Española de Medicamentos y Productos Sanitarios	Spanish Agency of Medicines and Health Products
Art./Arts.	Artículo/Artículos	Article/Articles
B2B	Comercio electrónico	Business-to-business
BOE	Boletín oficial del Estado español	Official Gazette of the Spanish State
CAVS	Vehículos automáticos	Automatic vehicles
CC	Código Civil de España	Spanish Civil Code
CD	Congreso de los Diputados	Congress of Deputies
CE	Constitución Española	Spanish Constitution
CESE	Comité Económico y Social Europeo	European Economic and Social Committee
CIE	Clasificación Internacional de enfermedades	International Classification of Diseases
COM	Comisión de la Unión Europea	European Union Commission
CP	Código Penal de España	Spanish Penal Code
EEUU	Estado Unidos de América	United States of America
EHRs	Historia clínica electrónica	Electronic Health Records

ENIA	Estrategia Nacional de Inteligencia Artificial	National Artificial Intelligence Strategy
IA	Inteligencia Artificial	Artificial Intelligence
INE	Instituto Nacional de Estadística	National Institute of Statistics
La Carta	Carta de los Derechos Fundamentales de la Unión Europea	Charter of Fundamental Rights of the European Union
Ley de IA	Propuesta de Reglamento del Parlamento Europeo y del Consejo, por el que se establecen normas armonizadas en materia de IA y se modifican determinados actos legislativos de la Unión	Proposal for a Regulation of the European Parliament and of the Council laying down harmonised rules on artificial intelligence (artificial intelligence act) and amending certain Union legislative acts.
LGS	Ley 38/2003, de 17 de noviembre, General de Subvenciones.	Law 38/2003, of November 17, 2003, General Law on Subsidies.
LORPM	Ley Orgánica 5/2000, de 12 de enero, reguladora de la Responsabilidad Penal de los Menores	Organic Law 5/2000, of January 12, 2000, regulating the Criminal Responsibility of Minors.
LORTAD	Ley Orgánica 5/1992, de 29 de octubre, de regulación del tratamiento automatizado de los datos de carácter personal.	Organic Law 5/1992, of October 29, 1992, regulating the automated processing of personal data.

MINECO	Ministerio de Asuntos Económicos y Transformación Digital	Ministry of Economic Affairs and Digital Transformation
Núm.	Número	Number
OCDE	Organización para la Cooperación y el Desarrollo Económico	Organization for Economic Cooperation and Development
OMS	Organización Mundial de la Salud	World Health Organization
Párr.	Párrafo	Paragraph
Rec.	Recurso	Recourse
Ref.	Referencia	Reference
RGPD	Reglamento (UE) 2016/679, de 27 de abril de 2016, relativo a la protección de las personas físicas en lo que respecta al tratamiento de datos personales y a la libre circulación de estos datos y por el que se deroga la Directiva 95/46/CE	Regulation (EU) 2016/679 of the european parliament and of the council of 27 April 2016 on the protection of natural persons with regard to the processing of personal data and on the free movement of such data, and repealing Directive 95/46/EC
STC	Sentencia del Tribunal Constitucional	Constitutional Court Judgment
STJUE	Tribunal de Justicia de la Unión Europea	Court of Justice of the European Union
STS	Sentencia	Court decision
SVM	Máquinas de soporte vectorial	Support Vector Machines

TC	Tribunal Constitucional	Constitutional Court
TFUE	Ley Orgánica 3/2018, de 5 de diciembre, de Protección de Datos Personales y garantía de los derechos digitales	Organic Law 3/2018 of December 5, 2018, on the Protection of Personal Data and guarantee of digital rights.
TS	Tribunal Supremo	Supreme Court
TSJ	Tribunal de Justicia	Court of Justice
UE	Unión Europea	European Union
UNESCO	Organización de las Naciones Unidas para la Educación, la Ciencia y la Cultura	United Nations Educational, Scientific and Cultural Organization

Introducción

1. ¿QUÉ ES LA INTELIGENCIA ARTIFICIAL?

Para poder definir y comprender mejor el concepto de Inteligencia artificial, conviene resaltar algunas referencias como la de la Comisión de la Unión Europea (COM (2018) 2371 Bruselas 25 mayo 2018). Podríamos definirlo como un conjunto de dispositivos, sistemas y máquinas que combinan diferentes algoritmos con el objetivo de imitar y recrear acciones y funciones propias del ser humano. Para emular dichas funciones, es preciso introducir diferentes parámetros prestablecidos previamente por el hombre y una cantidad ingente de datos que actuarán como si fuese la gasolina de un motor, a través del análisis y el procesamiento rápido de dichos datos, los dispositivos de inteligencia artificial podrán generar una serie de patrones, imitando y recreando capacidades del ser humano. La inteligencia artificial que se emplea en los sistemas puede basarse según su complejidad o según la tarea encomendada, desde un programa informático simple que sea capaz de analizar imágenes o buscar información, a incorporar dispositivos de hardware que requieran elementos de mayor complejidad y sean más avanzados como podría ser un dron.

La cuarta revolución industrial gira entorno a la IA, la robótica y el Big Data. Dicha revolución cada vez está más integrada no solo en nuestros trabajos, sino también en nuestra forma de vida. Aunque la medicina en las últimas décadas este ofreciendo numerosos avances, sigue presentando ciertas limitaciones tanto en el diagnóstico como en la predicción. El hecho de cometer fallos en la predicción supone hacer pruebas y tratamientos innecesarios que implican un sobrecoste en medicina.

(Vásquez-Quispesivana, W., Inga, M., & Betalleluz-Pallardel, I. 2022)

1.1. Inteligencia artificial en medicina

Los sistemas que tienen implementada Inteligencia Artificial (IA), ya sea a través de asistentes virtuales, programas de reconocimiento de voz o imagen, motores de búsqueda, drones o robots, juegan una función esencial en muchos trabajos y ayudan a muchos profesionales. En gran medida se debe a que la IA y la robótica, a través de la experiencia y del ensayo-error, tienen cierta capacidad de aprendizaje autónomo y de mejorar sus sistemas de procesamiento y deducción. En medicina, el uso de la IA es una realidad. La IA debe de servir de apoyo a los profesionales sanitarios, en lugar de ser sustituidos por sistemas con IA programados para reproducir las acciones que realiza el ser humano (Rome Call for AI Ethics, 2020).

La Medicina siempre ha buscado el aprovechamiento de los recursos disponibles para mejorar la salud de las personas, y los avances tecnológicos han permitido el desarrollo de herramientas que han logrado un alto grado de perfeccionamiento de técnicas y una sustancial mejora de numerosos tipos de intervenciones, así como han facilitado los diagnósticos. Las últimas tendencias en ese desarrollo tecnológico caminan en la dirección de la Inteligencia Artificial y el Big Data, lo que plantea nuevos retos.

El potencial del Big Data y de la Inteligencia Artificial en el ámbito de la Medicina reside en la capacidad de análisis y de combinación de datos tradicionales con otras nuevas formas de datos, no solo a nivel individual sino también poblacional, lo que nos conduce a un nuevo horizonte: el de la Medicina Personalizada, es decir, poder prevenir y aplicar el tratamiento correcto para el paciente concreto en el momento adecuado.

Por todo ello, se podría subrayar que la IA es la vía idónea para ahorrar numerosos recursos económicos en mejorar no solo en la precisión terapéutica y en el diagnostico, sino también en prevención de enfermedades como el cáncer y en los diferentes tratamientos con los pacientes.

Para poder fomentar la medicina personalizada a través de las nuevas tecnologías es preciso que los profesionales sanitarios tengan conocimientos específicos sobre esta nueva forma de hacer medicina, es decir, sepan mejorar los métodos de interacción con las herramientas que ofrece la IA, y sean capaces de trabajar con grupos y entornos multidisciplinares no solo a nivel médico, sino también científico y de ingeniería. Aunque un sistema tenga integrado la IA de Machine Learning con aprendizaje automático y sea capaz de realizar una asistencia de forma telemática o efectuar diferentes tipos de cálculo de probabilidad para predecir o detectar enfermedades, y además, descargar todos estos datos en la historia clínica electrónica en tiempo real, es preciso que tanto los profesionales sanitarios de la actualidad como los de las futuras generaciones estén familiarizados con las diferentes formas de interacción con ordenadores, máquinas y sistemas de IA para interpretar los datos de forma eficiente e invertir a su vez más tiempo en la medicina personalizada. A este nuevo paradigma en medicina que tiene integrada tanto la IA como las tecnologías emergentes con el objetivo de analizar cantidades ingentes de datos, algunos autores lo denominan "Medicina P4" ya que este tipo de medicina se caracteriza por ser más predictiva, participativa, preventiva y personalizada (Sobradillo, P., Pozo, F., & Agustí, Á. 2011).

Para entender con más claridad el mundo de la IA y la robótica es necesario tener claros ciertos conceptos, como son los conceptos de algoritmo, big data, inteligencia artificial y machine learning. La mejor manera de poder entender todos estos conceptos y la relación que hay entre ellos es tener una visión general de los mismos y comprobar como todos están relacionados entre sí.

2. TRES MODELOS DE INTELIGENCIA ARTIFICIAL

2.1. Inteligencia artificial estrecha

Los avances en tecnología están consiguiendo fusionar el ámbito digital con el mundo físico y biológico. En función del tipo de IA que estemos hablando, puede ofrecer a los Países que la están desarrollando diferentes funciones y alternativas que pueden ir desde algoritmos de búsqueda, traducción de textos a cualquier lengua, vehículos autónomos hasta la creación de armas automáticas.

Según el tipo de programación y la manera de resolución de tareas que efectúa la inteligencia artificial, podemos definirla y dividirla en varios tipos. En primer lugar, nos encontramos con el modelo tradicional de programación, denominado inteligencia artificial estrecha o "IA débil", dicho modelo se caracteriza por su manera de resolución de funciones y tareas claras y concisas, que serán predeterminadas por el ser humano, es decir, que cumplirán un objetivo específico y delimitado. A partir de los años 90 y principios de este siglo, este tipo de IA consiguió un éxito no solo académico sino también comercial al centrarse en resolver problemas específicos al producir resultados que se pueden verificar y aplicaciones comerciales con una función específica. Actualmente, los sistemas que tienen integrada este tipo de IA se utilizan en toda la industria de la tecnología.

Un ejemplo de esta IA estrecha serían aquellos sistemas o programas que solo pueden realizar una única tarea como realizar un reconocimiento facial o unas búsquedas determinadas en internet. A día de hoy, la IA estrecha ya ha superado en tareas repetitivas, específicas y mecánicas al ser humano, como a la hora de revisar imágenes para detectar patologías, resolver ecuaciones o analizar datos. Las principales carencias que presenta este tipo de IA van desde la incapacidad de aprender de manera autónoma cualquier tarea intelectual que sea propia del ser humano, hasta la limitación a la hora de interpretar y razonar datos para proporcionar una toma de decisión fuera de la programación prestablecida (Teigens, V., Skalfist, P., & Mikelsten, D. 2020).

2.2. Machine Learning

El segundo tipo de inteligencia artificial consiste en un modelo automático de programación, que se denomina Machine Learning, dicho modelo es más avanzado que el anterior, a día de hoy este es el modelo que más impacto está produciendo en la sociedad, aunque se sigue perfeccionando y desarrollando, podríamos decir que en ciertas funciones se equiparán a las del ser humano. El aprendizaje automático permite al software del que disponen los ordenadores y las máquinas aprender a partir de los datos, sin haber sido programados previamente de forma específica, a diferencia de la inteligencia artificial estrecha que producen funciones predeterminadas, el Machine Learning pueden trabajar con datos no tabulados de forma más rápida y eficaz utilizando imágenes, videos e incluso audios generando sus propios análisis y conclusiones (Hinestroza Ramírez, D. 2018).

2.3. Deep Learning.

Cuando se habla de aprendizaje automático, se refiere a algoritmos que presentan una especie de red neuronal, dicha red neuronal dispone de un mecanismo similar al de las conexiones neuronales que tiene nuestro cerebro, en esta red se encuentra la cantidad ingente de datos que se dividen en numerosas capas que interactúan entre sí, mientras más datos contenga esta red neuronal más eficientes y precisas serán sus funciones y resoluciones (Diaz, J. S. B. et al.).

El tercer tipo de IA tiene lugar cuando el número de capas es extremadamente elevado y la cantidad de datos agrupados en ellas son inmensos, pasan a generar subtipos en una especie de nube y se denomina red neuronal profunda o Deep Learning (Torres, J. 2020).

Este tipo de IA puede competir contrala precisión del ser humano en campos como la visión y análisis de imágenes a través del ordenador de cara a detectar diferentes patologías. El sistema IBM Watson combina motores de procesamiento del lenguaje potenciados con diferentes motores de búsqueda inteligentes que permiten igualar e incluso superar algunas capacidades del ser humano como ya mostro en el programa Jeopardy.

2.4. Super inteligencia artificial.

El cuarto y último tipo de inteligencia es denominada por muchos autores como "súper inteligencia artificial". En este modelo se presenta la idea de que el software de las máquinas no solo pudiese imitar las funciones mecánicas del ser humano generando acciones no programadas de forma predeterminada, sino que fuese un paso más allá, pudiendo no solo generar valoraciones, emociones y sentimientos, sino siendo capaz de mejorarse a sí mismo. Dicha inteligencia no padecería de limitaciones pertenecientes al intelecto humano y podría ser capaz de inventar y descubrir nuevos conceptos o elementos.

Si esto fuese así, no solo asumirían aquellas actividades mecánicas y repetitivas, sino que podrían desarrollar actividades exclusivas del ser humano como por ejemplo aquellas relacionadas con el arte. Para este tipo de inteligencia artificial, en el caso de que fuese posible, se estima que falta todavía muchísimo tiempo pese a la rápida evolución que está presentando esta cuarta revolución industrial motivada por las tres grandes potencias a nivel mundial que son China, Estados Unidos y Europa. Este tema se ha debatido en numerosos encuentros académicos, y se han identificado numerosos riesgos que podrían afectar tanto a la civilización como al mundo (Teigens, V., Skalfist, P., & Mikelsten, D. 2020).

3. ALGORITMOS

Centrándonos en el segundo tipo de inteligencia artificial, el Machine Learning, vemos que dichos modelos están formados por algoritmos, por lo que es necesario tener un conocimiento de que es un algoritmo y cómo podemos clasificar todos los modelos de Machine Learning en función de los mismos.

3.1. ¿Qué es un algoritmo?

Podemos definir algoritmo como un conjunto finito de reglas lógicas correctamente definidas que permiten aportan la solu ción a un problema de un tiempo determinado. La ejecución de estas reglas se puede realizar de forma manual, mecánica o con el uso de máquinas de procesamiento electrónico (Sala, J. J. R. 2003).

Centrándonos en el motivo del estudio y la necesidad de entender correctamente este concepto, es necesario subrayar que, dentro del mundo de la IA, un algoritmo es un modelo matemático que se aplica como una solución tecnológica, produciendo una gran diversidad de resultados y opciones. El algoritmo se está utilizando mucho dentro del segundo modelo de inteligencia artificial denominado Machine Learning, este instrumento de la IA nos permite realizar una serie de predicciones y establecer numerosos patrones a través de la información. Esta información está formada por una gran cantidad de datos no tabulados, es decir que se pueden generar patrones sin operar con datos claramente prestablecidos por el hombre.

De la misma manera que hay varios modelos en los que se basa la IA, también disponemos de diferentes tipos de algoritmos que se diferencian en función de su manera de encontrar patrones y de tratar los diferentes datos para después generar una predicción.

3.2. Algoritmo supervisado

El primer tipo de algoritmo del que vamos a hablar es el Algoritmo Supervisado, dicho algoritmo está orientado a hacer una clasificación a través de una predicción concreta y específica. Para poder hacer dicha predicción se requiere que haya unos datos con los que pueda entrenar el algoritmo y además etiquetar los datos con los que está entrenando. Un ejemplo sería que en diferentes radiografías de pulmón voy etiquetando si tienen cáncer o si están sanos, con estas etiquetas y estos datos el algoritmo aprende a distinguir unas de otras, una vez que el algoritmo a través del entrenamiento ha aprendido, se pueden incluir nuevas imágenes que no hayan estado en el modelo de entrenamiento previo y el algoritmo podrá hacer la distinción con las mismas etiquetas que habíamos elegido anteriormente sin que tenga que mediar el ser humano (Rouhiainen, L. 2018).

Dentro del algoritmo Supervisado podemos encontrarnos dos clases, el algoritmo de regresión que realiza predicciones de carácter numérico y el algoritmo de clasificación que es el que hemos visto con el ejemplo de antes. Dicho algoritmo de clasificación suele ser dicotómico, es decir, pulmón sano o pulmón con cáncer, afirmativo o negativo (Ponce Gallegos, J. C et al. 2014).

El machine Learning se aplica cada vez más en todos los sectores, en el campo de la medicina los algoritmos de aprendizaje supervisado que más se utilizan son el Support Vector Machines (Máquinas de soporte vectorial) en a delante SVM, y las Redes Neuronales. El SVM es uno de los algoritmos supervisados más eficaces que existen, es de carácter dicotómico ya que contiene dos tipos de etiquetas/agrupaciones. El SVM busca separar de la forma más eficaz los dos tipos de agrupaciones en el estudio, creando un modelo de predicción capaz de identificar estos dos mismos grupos en una agrupación nueva. Decimos que la precisión es muy alta cuando el algoritmo consigue separar claramente ambas agrupaciones de datos (Diaz, J. S. B. et al.).

3.3. Algoritmo no supervisado

El siguiente tipo de algoritmo es el algoritmo No Supervisado, el modus operandi parece el mismo en el sentido que es necesario nutrirle de datos para que pueda operar, pero se diferencia del anterior principalmente en que en esta ocasión no se establecen previamente unas etiquetas, sino que el propio algoritmo busca similitudes entre los numerosos datos y los agrupa el mismo teniendo en cuenta las diferencias que puedan tener. Posteriormente es el investigador que tendrá que interpretar y etiquetar las diferentes agrupaciones. Dentro de los algoritmos de aprendizaje no supervisado se suelen utilizar los de Agrupamiento o los de Reglas de Asociación. Un algoritmo No Supervisado que es bastante utilizado es el K-MEANS, dicho algoritmo realiza agrupaciones de forma automática, se utiliza fundamentalmente en el procesamiento y el análisis de Big Data, permite clasificar a los sujetos según sus características, y el objetivo fundamental es que dentro de cada agrupación o clúster se encuentren sujetos que sean muy parecidos entre sí, pero que a su vez sean muy diferentes con respecto a los sujetos que se encuentren dentro de otro clúster diferente. es importante definir el número de grupos que va a haber previamente. El tercer tipo de algoritmo es el algoritmo de refuerzo, está orientado a potenciar y fortalecer el aprendizaje, la peculiaridad y la gran ventaja que tiene este algoritmo es que es capaz de reaccionar en tiempo real a lo que va sucediendo a su alrededor, adaptándose sobre la marcha a los diferentes datos que va analizando (Beunza, J. J., & Puertas, E. 2020)

3.4. ¿Cómo se entrenan los algoritmos?

Para entender cómo opera un algoritmo es necesario saber cómo se le tiene que entrenar, los entrenamientos de los algoritmos siguen una secuencia dividida en diez pasos. Ha quedado latente que para que se puedan conseguir predicciones por parte de los algoritmos es necesario nutrirlos de datos, mientras más datos tenga el algoritmo, mejores predicciones podrá hacer, ahora bien, para poder introducir los datos en el algoritmo tienen que ser transformados, es lo que se denomina un proceso de limpieza, este sería el primer paso de la secuencia. Una vez hecha la limpieza de los datos, pasamos al segundo paso que consiste en realizar la validez interna del algoritmo, dicha validez la conseguimos con dos grupos de datos, el primer grupo es el que utilizamos para entrenar al algoritmo, y una vez que verificamos dicho aprendizaje, añadimos el segundo grupo de datos, que se denominan "datos vírgenes", se denominan así porque son datos que no se han utilizado durante el entrenamiento del algoritmo y de esta forma se verifica su validez, esta es la técnica más utilizada para separar datos y se denomina técnica del "Splitting". El paso tres consiste en la selección del algoritmo, básicamente se escogen varios algoritmos con los que se haya entrenado y el que mejor funcione es el que elegiremos. Luego pasamos al cuarto paso que consiste en el ajuste del funcionamiento interno del algoritmo. El resultado del entrenamiento una vez modificado los híper-parámetros nos ofrece un modelo que podrá hacer predicciones, dicho modelo lo comprobaremos con ese porcentaje de datos vírgenes que no habíamos utilizado para comprobar si las predicciones que hace son correctas (técnica Splitting), este quinto paso se denomina validez interna. Una vez superada dicha validez interna pasamos al paso seis que es la prueba con datos reales. El resto de los pasos forman parte de lo que denominamos validez externa, basada en utilizar dicho algoritmo con diferentes agrupaciones de datos de la vida real, comparando las diferentes predicciones con los diferentes valores que se establecen en las etiquetas. Este modelo será el que se utilice después en el ámbito laboral y el que se pueda comercializar (Beunza, J. J., & Puertas, E. 2020).

Para destacar la importancia que tienen los algoritmos en nuestras vidas, y demostrar que están muy presentes en nuestro día a día, me gustaría destacar el algoritmo de Recomendación, muy conocido y utilizado en el mundo de Machine Learning, dicho algoritmo es capaz de predecir nuevas formas de consumo que puede tener una persona a través de su comportamiento y decisiones, esto es capaz porque el algoritmo analiza los diferentes historiales de consumo que tiene el sujeto y a partir de ahí genera predicciones, estamos hablando de Algoritmos que se utilizan en sistemas conocidos como Netflix o Amazon.

4. BIG DATA

4.1. Definición

Por mucho que hablemos de IA, de Machine Learning y de todas las tecnologías asociadas, hay que tener en cuenta que todo esto surge a raíd del gran volumen de datos que se están generando con el avance tecnológico y la capacidad de sacar el valor de los mismos. De aquí surge el termino de Big Data, que para definirlo he de acudir al glosario de Gartner1, una empresa consultora que define este concepto como: “Son activos de información caracterizado por su alto volumen, velocidad y variedad, que demandan soluciones innovadoras y eficientes de procesado para la mejora del conocimiento y toma de decisiones en las organizaciones”. Dichas formas de procesamiento permiten al ser humano tener toma de decisiones mucho más adecuadas y eficientes.

A la hora de definir que es Big Data, podemos entender que es un fenómeno que analiza y gestiona cantidades ingentes de datos a través de algoritmos matemáticos con el objetivo de establecer correlaciones entre ellos, y de esta forma poder pronosticar y predecir tendencias a la hora de tomar decisiones (López Baroni, M. J. 2019).

Tradicionalmente, cuando hablamos de Big Data podríamos identificar las denominadas V, que en función del autor pueden variar en número. Las V, hablan sobre el volumen, velocidad y variedad, algunos autores añaden también valor y validez.

4.2. Aplicaciones del Big Data

La continua innovación y creación de aplicaciones en medicina está transformando la manera de realizar las asistencias sanitarias por parte de los médicos y diferentes profesionales sanitarios. Uno de los riesgos que implican estas aplicaciones es la falta de una política de privacidad clara y concisa sobre el acceso por parte de terceras personas sin el consentimiento de los pacientes y usuarios.

Las apps relacionadas con la salud no dejan de crecer de forma exponencial y tienen cada vez más implicaciones y efectos en nuestra sociedad. Tanto es así, que las diferentes administraciones públicas dentro del sector sanitario de cada Comunidad Autónoma están mostrando bastante interés en estas apps. Un ejemplo de ello sería la "app saludable" que la Consejería de Salud de Andalucía pone a disposición de sus ciudadanos. Este fenómeno se denomina como "electronic health records (EHRs)", el cual permite utilizar la información de los pacientes que forman parte de estas aplicaciones para crear numerosas bases de datos persiguiendo numerosos fines. Una de las ventajas palpables que presenta este fenómeno es de cara a estudiar diferentes enfermedades, ya que, al obtener datos masivos de ellas, nos permite observar su evolución y de esta forma poder actuar con medidas de prevención o erradicación de la misma. (Cazorla, M. I. T. 2021).

Otro ejemplo sobre apps que son aplicadas en el ámbito de la salud sería el Instituto del Memorial Sloan-Kettering, que está utilizando el sistema IBM Watson de forma exitosa en el análisis de datos de pacientes que padecen cáncer.

Algunas de las finalidades que se persiguen al usar Big Data, pueden afectar no solo a los pacientes y usuarios que prestan su consentimiento informado, sino también a sus familiares, esto sucede, por ejemplo, en el caso de la genómica a la hora de detectar la propensión de padecer determinadas enfermedades.

En la actualidad, a través del uso comercial del Big Data, debemos tener en cuenta las numerosas fuentes de información que existen, ya que algunas pueden llegar a influenciar a los pacientes e incluso generar una desinformación. Esto puede suceder por ejemplo a través de algunas redes sociales cuando difunden y producen noticias que no tienen evidencia científica. (Cazorla, M. I. T. 2021).

4.3. Beneficios

Big data nos permite aprovechar cantidades ingentes de datos que a día de hoy existen en formato digital, y que se están generando constantemente a través de las diferentes prestaciones y apps que se utilizan en los servicios de salud y en sus plataformas digitales. Además, cuenta con sistemas de procesamiento automatizado de datos capaces de analizarlos y correlacionarlos a una gran velocidad, y transfórmalos en información de alta calidad.

Las denominadas "V" a las que se hicieron referencia anteriormente para definir este fenómeno, son a su vez, los grandes beneficios que presenta Big data, ya que, en comparación con el ser humano, Big data es capaz de gestionar no solo un mayor volumen de datos, sino también a una mayor velocidad y con la capacidad de correlacionar una mayor variedad de elementos. Este hecho, facilita a su vez, que exista un mayor entendimiento de los datos por parte de los profesionales sanitarios, por lo que puede mejorar no solo en la manera de interpretarlos, sino también a la hora de la toma de decisiones. Además, proporciona una mayor facilidad a los médicos de cara a poder monitorizar las enfermedades de los pacientes y conseguir hacer un mejor seguimiento en la evolución de los pacientes (Báez, M. J. P. 2021).

Otro de los mayores beneficios que presenta Big data es que al encargarse del trabajo de análisis, revisión y transformación de datos, permite a los profesionales sanitarios dedicar más tiempo al paciente y no a los temas administrativos, por lo que se fomenta y se potencia la medicina personalizada.

4.4. Riesgos, amenazas y limitaciones

La gran problemática a la hora de hacer frente al Big Data aplicado al ámbito de la medicina es que no solo no existe una regulación global, sino que ni si quiera somos realmente conscientes de todas las consecuencias que puede implicar el uso de esta tecnología. El uso de estos datos por parte de Big Data en el ámbito de la salud cada vez es más frecuente, y al no contar con una política de privacidad concreta sobre los diferentes mecanismos de acceso, en ocasiones, existe el riesgo de que no esté del todo claro que se utilicen siempre con el consentimiento de quien facilita dichos datos.

A la hora de utilizar aplicaciones como Fitbit o Virtual Fridge entre otras, puede suponer un problema debido a que, al tratarse de un ámbito especialmente sensible, se requiere la autorización de los pacientes y usuarios de cara a poder utilizar sus datos personales, debido a que pueden tener efectos adversos no solo para ellos a nivel individual, sino también a nivel general en la sociedad. (Torres-Cazorla, M. I. 2020).

A parte del riesgo de vulnerar la privacidad de los pacientes y usuarios, existen otros posibles riesgos y limitaciones potenciales no solo a la hora de identificar los datos, sino también de cara a que dichos datos sean claros y comprensibles tanto para los profesionales sanitarios como para los propios pacientes que quieran acceder a ellos. Además, el Big Data al tratar con un volumen ingente de datos puede existir el riesgo de que algunos datos valiosos de alguna patología queden difuminados o pasen desapercibidos por otros datos que realmente no sean del todo útiles para combatir la enfermedad. Otro riesgo que puede estar presente es la inseguridad que pueden presentar algunos profesionales sanitarios a la hora de la toma de decisiones cuando manejan grandes cantidades de datos, al pensar que las máquinas que tienen integrada IA que se utilizan en el sector sanitario pueden llegar a reemplazarles (Chang, A).

También existe una gran preocupación por parte de un sector de la sociedad que piensa que la evolución en la tecnología que presenta la IA en medicina acabe dando paso a otro tipo de asistencias que provoquen la despersonalización en la medicina.

Por otro lado, existe cada vez más, el problema potencial a la hora de almacenar esta cantidad ingente de datos, así que habrá que encontrar mecanismos innovadores para solventar esta problemática.

4.5. Las organizaciones internacionales ante el Big Data

Algunas Organizaciones internacionales como UNESCO y la OMS han mostrado señales de preocupación y están siendo proactivas de cara a proponer una regulación global y homogénea. Dicha proactividad e iniciativa de estas organizaciones internacionales quedaron reflejadas en el informe que se publicó en septiembre del año 2017 por el Comité Internacional de Bioética de la UNESCO sobre "Big Data y Salud". En dicho informe, se entiende que el Big Data es una herramienta que puede servir como un trampolín de cara a conseguir una medicina de precisión a través de la información que proporciona la cantidad ingente de datos de los pacientes y usuarios fusionándose con los conocimientos científicos y la experiencia de los profesionales sanitarios. Este fenómeno provocará y está provocando varios cambios a la hora de atender la asistencia sanitaria, como por ejemplo el papel que desempeña el paciente o usuario tradicional que pasará a ser en ocasiones paciente, o usuario digital, también puede cambiar la forma de asesorar en los diferentes estilos de vida, la forma de orientación de determinadas enfermedades y los diferentes mecanismos de prevención. La confidencialidad y los mecanismos de protección son los elementos esenciales a los que dicho informe hace especial hincapié (Lafferrière, J. N. 2018).

5. LA ROBÓTICA EN EL ÁMBITO DE LA SALUD

Actualmente, el hecho de incorporar robótica en medicina es cada vez más habitual. La automatización de tareas produce en los diferentes sectores numerosas ventajas no solo a nivel económico sino también en cuestión de eficacia y optimización de recursos. Los robots en medicina son cada vez más frecuentes gracias al gran avance en tecnologías como el 5G y la realidad aumentada que permiten mejorar la calidad de vida de los pacientes y otorgan una mayor autonomía a las personas dependientes. Un ejemplo de ello, son los robots especializados en salud capaces de monitorizar en tiempo real las constantes vitales de los pacientes e incluso llamar al servicio de emergencias si fuese necesario. Otro ejemplo sería el de los robots móviles que se utilizan en algunas viviendas para facilitar a las personas con discapacidades la realización de sus tareas cotidianas o en las áreas de riesgo de los centros hospitalarios a la hora de realizar una asistencia médica (Moreno Olivares, S. 2020)

La utilización de robots y la implementación de la IA en los hospitales y en el ámbito de la medicina en general se consolidó definitivamente cuando tuvimos que combatir contra la COVID-19.

A día de hoy, son muchos los centros y hospitales que utilizan la IA para dar soporte administrativo, dicho soporte permite a su vez que, los profesionales sanitarios puedan dedicar más tiempo a realizar una asistencia mucho más personalizada. Además, ha quedado demostrado que la implementación de la IA y la robótica en los sistemas de predicción y detección de enfermedades en muy efectivo y por lo tanto permite salvar numerosas vidas.

Algunas de las tareas en las que por ejemplo los robots de Robotnik ya están dando cobertura son a la hora de transportar comida, almacenar y distribuir medicamentos, la teleasistencia y tareas de desinfección y limpieza de zonas que impliquen determinados riesgos a los profesionales sanitarios (Maciá Romero, J. 2019).

La aplicación de la robótica en los hospitales genera un impacto positivo en el personal sanitario ya que, gracias a su uso, reduce ostensiblemente la carga de trabajo. La capacidad de realizar tareas mecánicas como las de almacenar, analiza y recopilar datos permite a nuestros profesionales invertir más tiempo en el paciente y menos en la gestión administrativa y burocrática. Además, gracias a las nuevas tecnologías y a los servicios de apoyo de los robots móviles, se pueden reducir las estancias en los hospitales y en las unidades de cuidados intensivos que no sean estrictamente necesarias desde un punto de vista terapéutico, por lo que implica una reducción en el gasto sanitario (Castillo Alcañiz, R. 2022). De la misma manera que existen unos principios generales de derecho necesarios para la constitución de normas y conjuntos normativos que son utilizados por legisladores, jueces y doctrina como pueden ser entre otros la equidad, la justicia, la libertad, la jerarquía y la igualdad, se deben respetar a la hora de crear las diferentes pautas del código de conducta de los investigadores en robótica una serie de principios. Muchos de estos principios son los que ya se utilizan y en los que se basa el campo de la medicina.

Ahora bien, para que la IA se pueda convertir en el auténtico trampolín de transformación de los sistemas sanitarios no solo en España sino a nivel global, es necesario regular y tener en cuenta los elementos esenciales que construyen los ejes principales de los modelos de la IA, y por lo tanto pueden suponer un mayor riesgo para la sociedad. Estamos hablando de los principios de transparencia, autonomía, bienestar, equidad, inclusión, seguridad de las personas y privacidad de los datos. Además, se deberá promover la responsabilidad y la rendición de cuentas por los actos acometidos.

Ya hemos comprobado que la implementación de la hospitalización domiciliaria a través de chatbots, equipos de diagnóstico y de seguimiento profesional a través de videollamadas y dispositivos instalados en las viviendas proporcionan grandes beneficios como la mejora en la calidad de vida de los pacientes crónicos ya que puede proporcionar al paciente una mayor sensación de control sobre su salud y una reducción del estrés que viene implícito en las hospitalizaciones. También implica una reducción de costes y una mayor accesibilidad para las personas que vivan en la periferia o tengan movilidad reducida. Del mismo modo que dicha implementación aporta numerosos beneficios, también conllevan riesgos que debemos de tener en cuenta a la hora de poder garantizar la privacidad de los datos de salud de los pacientes y cuidadores cuando estén utilizando dichas tecnologías y, del mismo modo, puedan asegurar que se tiene una conexión a internet segura en la que se pueda confiar, y que los pacientes estén verdaderamente capacitados para poder comunicar de forma clara y veraz toda la información referente a su salud (Nunes, H. D. C. et all).

La OMS pese a ser consciente de estas grandes ventajas que muestra la IA en medicina, pide precaución de cara a que se respeten los valores de transparencia, inclusión, colaboración pública y que todas estas asistencias estén supervisadas por expertos ya que, si no se cumplen todos estos valores, se podría incurrir en errores que podrían causar daños a los pacientes y por lo tanto, se podría perder la confianza con respecto a la implementación de la IA en el ámbito de la medicina. Para que las tecnologías se utilicen de manera segura y respeten los valores éticos y jurídicos es preciso que los datos que se utilicen para entrenar las herramientas de IA no estén sesgados ya que si no podríamos excluir a ciertos grupos reducidos de población, o generar información engañosa que perjudique la salud de los pacientes (World Health Organization. Telemedicine).

Además, el utilizar cantidades ingentes de datos en los diferentes modelos lingüísticos y herramientas que tengan implementada IA sin un consentimiento previo vulneraría la confidencialidad de los datos de salud de los pacientes. El uso inadecuado de estos datos genera la posibilidad y el riesgo de que algunas empresas utilicen esta información a favor de sus intereses particulares ya sea a través de contenidos audiovisuales o en formato texto y que la gente se los crea o no sepa distinguir cuales son fiables o no desde un punto de vista de la salud (Medinaceli Díaz, K. I 2021).

6. LOS ORGANISMOS ANTE LA INTELIGENCIA ARTIFICIAL

Tanto el Big Data, como cualquier sistema que tenga integrada IA, son herramientas que solo pueden ser operativas en función de si se nutren o no con suficientes datos para ser operativas. Por este motivo, hay incluso determinados sectores de la sociedad que consideran que debería de ser una responsabilidad por parte de los ciudadanos el hecho de ceder y compartir sus datos, y por otro lado, se considera que simplemente es un derecho más el cual el paciente o el usuario puede decidir en cada momento. Lo que está claro, es que el mecanismo que se quiera implementar tiene que desarrollarse a través de la veracidad y de la transparencia, y para ello, todas las Organizaciones nacionales, internacionales y regionales deberán de cooperar para poder regular los nuevos tratamientos de datos del siglo XXI.

6.1. Organismos globales

En relación a la tecnología y a la capacidad para analizar y gestionar la cantidad ingente de datos, existe una gran diferencia entre los Estados subdesarrollados y los Estados desarrollados. Por lo que la única manera de no generar una mayor desigualdad entre Estados es que las organizaciones globales promuevan un refuerzo importante en los mecanismos de gestión y manipulación de los datos de los Estados subdesarrollados para que los profesionales sanitarios y científicos de dichos Estados no se conviertan en meros instrumentos que sirvan para recopilar datos y puedan ser piezas fundamentales que aprovechen estas herramientas para beneficiar a los grupos sociales de su territorio.

A nivel global, ya tuvo lugar la Conferencia Mundial de Promoción de la Salud, que se celebró entre el 10 y el 14 de junio de 2013, donde se aprobó la Declaración de Helsinki sobre Salud en todas las políticas, promoviendo a los gobiernos de todos los Estados que instaurasen medidas de protección de la intimidad (de Helsinki, D., & World Medical Association. 1975).

6.2. Organismos europeos

A nivel europeo, no solo encontramos el informe al cual hicimos mención anteriormente de la UNESCO de 2017, también disponemos de otros mecanismos como la Organización para la Cooperación y el Desarrollo Económico (OCDE) que ya en 2013 proponía medidas para regular y proteger la intimidad de las personas y los mecanismos de difusión de datos personales. Tanto la Unión Europea como el Consejo de Europa dedican numerosos esfuerzos en preservar la intimidad y la seguridad de las personas. Otro ejemplo de ello es el Reglamento General de Protección de Datos que regula la protección de datos no solo del sector sanitario sino a nivel general (Prada-Ríos, S. I., Pérez-Castaño, A. M., & Rivera-Triviño, A. F. 2017).

6.3. Organismos nacionales

España, como miembro de la Unión Europea, no podía quedarse atrás a la hora de invertir y fomentar en nuevas tecnologías. Una prueba de ello es que el Gobierno de España, a través de la Secretaría de Estado de Digitalización e IA, que pertenece al Ministerio de Asuntos Económicos y Transformación Digital (MINECO), participó junto a las principales autoridades europeas en el proyecto piloto del primer "sanbox" (banco de pruebas) regulatorio de la UE en IA (MINECO. 2022, 27 junio). En dicho proyecto, el Comisario europeo de Mercado Interior y Servicios Thierry Breton felicitó a España por haber sido el primer País en destinar parte de sus fondos del Plan de Recuperación, Transformación y Resiliencia para el primer proyecto piloto que pretende instaurar un recinto de seguridad para la IA en Europa (Gobierno de España, 2022b, p.1). Para garantizar el buen funcionamiento de este proyecto, España estará en contacto con los principales organismos que forman parte, entre los que se encuentran la Comisión Europea, el Instituto Nacional de Ciberseguridad, la Agencia Española de Protección de Datos y los Centros de Innovación Digital en IA junto con las Instalaciones de Ensayo y Experimentación en IA que son financiadas por el Programa Digital Europe.

En relación al marco normativo ético, se ha emitido la Carta de Derechos Digitales, con el objetivo de identificar y reconocer los nuevos desafíos a la hora de aplicar e interpretar los derechos en ámbito digital. Dicha Carta está compuesta por veintisiete derechos que son agrupados en seis categorías que tratan sobre: Derechos y Libertades en el entorno digital, Derecho de igualdad, Derechos de participación y conformación de espacios públicos, Derechos del entorno laboral, Derechos digitales en entornos específicos y Garantías y Eficacia (Gobierno de España, 2021). Además, se ha creado el Consejo Asesor de la IA (Gobierno de España, 2022a).

7. ÉTICA, DEONTOLOGÍA Y LEGISLACIÓN

7.1. Dialéctica entre Ética, Deontología y Legislación.

Aunque existe cierta polémica, como en cualquier ámbito, por el miedo a que el desarrollo de la Inteligencia Artificial termine por sustituir a los médicos, lo cierto es que los expertos tratan de verlo como un aliado que sirva para avanzar y mejorar, tanto en detección como en diagnóstico. Sus aplicaciones incluyen, por ejemplo, el análisis de imágenes y de historiales médicos, en tiempo real y de forma cada vez más precisa, a medida que los propios sistemas aprenden.

La ética de la Inteligencia artificial tiene que ser la piedra angular que sirva de guía a todas las compañías tecnológicas para definir unos principios fundamentales no solo para nuestra generación sino también para las futuras generaciones. Debemos de ser capaces de anteponer los intereses universales de todas y cada una de las personas frente a los intereses individuales de las empresas y las entidades más poderosas. Este proceso solo se puede llegar a cabo si remamos todos en la misma dirección, trabajando juntos y en equipo. La privacidad es fundamental en esta nueva etapa en la que los datos son traspasados a velocidades nunca antes vistas, solo reforzando las medidas de seguridad se podrá proteger la ética y los derechos fundamentales vinculados a la nueva tecnología.

De la misma manera que el uso responsable de la tecnología por parte de todos supone poder solucionar grandes problemas a una mayor velocidad, también podría utilizarse para causar efectos adversos e incluso crear un arma, por ello conviene crear códigos y reglas preventivas que sean capaces de detectar el mal uso, y esto solo es posible si nos basamos en los principios de transparencia e igualdad.

En cualquier caso, la implementación de la Inteligencia Artificial en el ámbito sanitario ya no es un sueño de futuro, sino una realidad. Por ello, las miradas de los legisladores están dirigiéndose hacia su aplicación y sus interacciones con el derecho a la privacidad. En concreto, trataremos aquí de relacionar su uso con la Ley de Protección de Datos, así como de descubrir las ventajas que tiene el uso de la Inteligencia Artificial en el mundo de la Medicina (en las historias clínicas y el análisis de las pruebas de imagen, entre otras cuestiones) y a la hora de hacer un diagnóstico predictivo.

España, además de contar con su propia legislación, al ser miembro de la Unión Europea (UE) debe trasladar a su legislación la normativa vinculante de la UE. Otro marco normativo de referencia en la medicina española son los códigos éticos profesionales. Estos deben guiar a los profesionales sanitarios, para que la IA sea usada de acuerdo con las normas y objetivos profesionales. Hasta este momento, no se ha estudiado cómo está regulada la IA en la medicina española. El objetivo de este artículo es analizar la normativa española actual sobre IA aplicada a la medicina, tanto la legislación como los códigos de ética profesionales. Este estudio pretende, además, aportar algunas sugerencias para futuras normas, sugerencias que sean útiles para los profesionales sanitarios, para los juristas y para la comunidad académica en general.

Ante este nuevo entorno en el que las apps están integradas en casi todos los sectores de nuestra vida, incluyendo el sector de la salud, se puede ver como una oportunidad para desarrollar nuevos mecanismos desde un punto de vista ético y legal que se adapten mejor a las necesidades del nuevo paradigma social. Para poder potenciar todas estas herramientas, es necesario salvaguardar los derechos de todos los ciudadanos, y es preciso armonizar tanto los derechos como los intereses no solo del paciente, sino también del investigador, de las empresas que utilizan los datos y de la sociedad en general.

7.2. Los códigos de deontología.

Es fácil observar, entonces, como los códigos éticos y deontológicos que han guiado a los profesionales de la Sanidad hasta este momento, regidos por la legislación vigente, se ven expuestos a nuevas situaciones con la irrupción de la Inteligencia Artificial en la Medicina. Estos códigos, además de estar sujetos a las leyes, permiten dar respuesta en casos de vacío legal y sirven de soporte moral, y son aprobados en cada colegio profesional, de modo que sus disposiciones tengan plena eficacia y validez jurídica para sus colegiados. En ese sentido, una de las disposiciones más conocidas es la del secreto profesional, de obligado cumplimiento para los profesionales sanitarios, que deben proteger cualquier información que el paciente les haya revelado o confiado, o que hayan podido deducir durante el ejercicio de su profesión.

7.3. De la ética al Derecho, Brad Smith

En base a las ideas de Brad Smith, para poder impulsar y desarrollar tecnologías y programas basados en inteligencia artificial de una forma legal, política y moralmente correctas es necesario hacer especial hincapié en la defensa de la privacidad, la protección de datos y la ética. Además, subraya la imperiosa necesidad de establecer y regular unos códigos éticos mínimos de conducta en los que se establezcan límites a la hora de desarrollar tecnología basada en Inteligencia Artificial.

El paradigma social está evolucionando de la mano de la tecnología y de la inteligencia artificial, el ser humano se ha acostumbrado a vivir con estos dispositivos y la gran mayoría los considera un recurso increíble, pero si no se establecen unos códigos éticos que regulen esta evolución podría volverse en nuestra contra. Por este motivo, es preciso que se respeten y no se limiten los derechos fundamentales de las personas, y que se creen medios y plataformas que permitan el acceso a todos. Tanto las grandes compañías como las pequeñas empresas tienen que tener las mismas oportunidades para poder seguir avanzando y evolucionando sin que se generen desigualdades, en este caso son fundamentalmente las grandes entidades y potencias las que tienen que incentivar esta evolución de una forma conjunta y homogénea. (Smith, B. 2020).

8. ¿HAY QUE REGULAR LA INTELIGENCIA ARTIFICIAL?

8.1. Isaac Asimov

Junto a las ventajas que ofrece la IA, de igual forma puede tener un impacto negativo sobre determinados derechos y libertades, lo que obliga a modificar los sistemas jurídicos y normativos, para garantizar que los derechos y libertades fundamentales sean respetados. Isaac Asimov en 1942 (Asimov 1942), consciente del riesgo que suponía que un robot (que la IA) fuera autónomo, expuso en "Círculo Vicioso" las tres leyes fundamentales de la robótica para que ésta fuera aceptable. La primera es que un robot no deberá hacer daño a un ser humano y deberá actuar si observa que un humano está sufriendo daño. La segunda ley es que debe obedecer las órdenes que dé el ser humano, siempre y cuando no se infrinjan las directrices de la primera ley, de tal manera que un ser humano no podrá utilizar a un robot para causar daño a otro ser humano. La tercera ley es que un robot deberá proteger su integridad y su existencia, siempre que ello no implique infringir las dos primeras leyes.

Las normas que regulen la IA aplicada a la medicina no deberían estar muy alejadas de aquellas que adelantó Isaac Asimov hace 80 años. La legislación sobre la aplicación de la IA a la medicina debe garantizar, entre otras cosas, que la práctica asistencial sea acorde con criterios de buena práctica, garantizando que el objetivo de la IA sea ayudar y no perjudicar a los humanos, que los ciudadanos implicados estén informados y que se protejan los datos personales de los usuarios. Esto supone, por ejemplo, garantizar la calidad de los sistemas, establecer las diferentes responsabilidades del acto sanitario mediado por IA, asegurar una adecuada protección de los datos y regular el consentimiento informado en los procedimientos en los que está implicada la IA.

8.2. Recomendaciones del Parlamento Europeo sobre robótica

La evolución industrial está presente en todos los países y continentes, puesto que lo que antes podía parecer un sueño o algo sacado de libros de ficción se ha convertido en una realidad, por este motivo el Parlamento Europeo, en su resolución del 16 de febrero de 2017 realizo unas recomendaciones destinadas a la Comisión sobre normas de Derecho civil sobre robótica (Europeo, P. 2017), de las cuales me gustaría destacar y comentar algunas de ellas que me servirán para el desarrollo y la investigación de dicho trabajo.

La primera hace hincapié en no obstaculizar la innovación, puesto que esta llegará tanto si queremos como si no. Aquí viene nuestra primera responsabilidad y el primer obstáculo que debemos superar, como legislar todas aquellas consecuencias jurídicas y éticas que se producirán sin detener esta innovación.

Tanto las ventas como la productividad de la Inteligencia Artificial y la robótica no para de crecer a pasos agigantados año tras año, por eso quizás haya que redefinir este concepto y dejar una puerta abierta a la posibilidad de ir modificándolo con la evolución de la sociedad en todos los sectores, teniendo así una posibilidad de ir regulando y actualizando todo según vayamos avanzando y mejorando. Por este motivo me parece vital crear unas bases sólidas y fiables que nos permitan avanzar sin temor a vulnerar los derechos de todos los ciudadanos (García, J. E. 2018).

Todo parece indicar que a través del desarrollo de las maquinas, el objetivo es que en algún momento puedan llegar a ser independientes a la hora de tomar decisiones suponiendo un gran ahorro no solo económico sino también de tiempo, por eso es preciso adelantarse e intentar regular las decisiones que tomaremos a la hora de regular los efectos directos e indirectos que supondrán a la sociedad (Vide, C. R. 2018).

Es una realidad que el aprendizaje automático ofrece un sin fin de ventajas en todos los aspectos a la sociedad, principalmente a la hora de analizar datos, es por esto que tenemos que prestar especial atención para no discriminar a las minorías, para poder ofrecer garantías reales y potenciar todo lo posible la igualdad y la transparencia.

A través de la investigación se ha demostrado que todos aquellos puestos de trabajo que emplean la informática crecen considerablemente en comparación con aquellos que se resisten a implementarla, esto en el mundo de la medicina tiene que ser una prioridad, sobre todo para todas las asistencias y servicios que sean mecánicos, ya que si a través de la inteligencia artificial podemos cubrir este tipo de elaboraciones, los médicos y demás profesionales sanitarios podrán emplearse en actividades que impliquen una mayor creatividad y racionalidad, que a día de hoy son los dos aspectos fundamentales que justifican porque el factor humano sigue siendo imprescindible en esta interactuación con las maquinas.

Por todo esto, todos los Estados y gobiernos deben de remar hacia la misma dirección e incentivar a las grandes y pequeñas empresas en enfocar sus esfuerzos económicos en formar a sus trabajadores, para que aquellos puestos de trabajo qué más puedan sufrir por tener mucha actividad mecánica puedan adaptarse de la mejor manera posible sin que tengan que desaparecer o quedarse obsoletos.

El Reglamento (UE) 2016/679 del Parlamento Europeo y del Consejo establece un marco jurídico al que tenemos que acudir de cara hacer frente a cómo y de qué manera se deben de utilizar todos los aspectos relativos a la intimidad, al posible acceso de los datos personales de los pacientes y usuarios, y de qué manera debemos proteger dichos datos. Este reglamento habla por supuesto de todos aquellos profesionales que por su trabajo tengan que acceder a esta información, pero que ocurriría si alguna de estas asistencias mecánicas comenzase a realizarse sin intervención humana, de alguna manera tendremos que regular los diferentes efectos directos e indirectos que supondrá que las aplicaciones de inteligencia artificial traten cantidades ingentes de datos sin la supervisión humana. Habrá que asegurar que dicho sistema preserve la dignidad y autonomía de los pacientes no solo en el ámbito de la medicina si no en todos los sectores.

La Unión Europea, tras la evolución del paradigma social europeo y mundial con respecto a la robótica y la inteligencia artificial ha propuesto a raíz de las leyes de Isaac Asimov otras seis leyes con el objetivo de reducir el impacto que están provocando y provocarán en cada sector de la sociedad, especialmente en el laboral, en el que la mayoría de las empresas ya han empezado a implantar máquinas, reemplazando a su vez a los trabajadores por ellas, esto ha supuesto una reducción de numerosos costes. Principalmente se están viendo afectadas aquellas actividades mecánicas, monótonas y repetitivas, también en aquellas asistencias especializadas que tienen como objetivo el análisis y la comparación de datos, y por supuesto en aquellas que se requiere una gestión y un almacenamiento ingente de datos. Las leyes que ha propuesto la Unión Europea, ampliando las tres ya existentes consisten en (Kottasova, I. 2017):

La primera hace referencia en subrayar la necesidad de que los robots tengan un botón de emergencia en caso de que puedan verse afectadas o alteradas las tres leyes básicas que introdujo Isaac Asimov. Conviene resaltar la importancia de esta nueva norma puesto que a día de hoy la inteligencia artificial y la robótica a través de ensayo y error y la experiencia empírica pueden aprender de manera autónoma mejorando su procesamiento y deducción. Por ello, es importante dicho mecanismo, para evitar situaciones de peligro que puedan suponer agravio contra la integridad física del ser humano.

A partir de esta primera ley, es posible introducir la segunda, que consiste en que los robots no pueden hacer daño al ser humano, como bien decía Isaac Asimov, los robots no podrán ser creados ni programados para atentar contra el ser humano, solo podrán ser elaborados con el objetivo de ayudar, proteger y mejorar la calidad de vida humana.

La tercera ley propuesta quiere subrayar la prohibición de crear relaciones emocionales entre los humanos y los robots, dejando patente la incapacidad que tienen los robots y las máquinas de sentir afecto por el ser humano, de la misma que ellos no pueden, nosotros no debemos generar dicho vínculo.

La cuarta consiste en crear un seguro obligatorio específico y adaptado a cada máquina, como es bien sabido, no todas las maquinas son iguales, y de la misma manera el riesgo y el impacto que producen en su entorno y en la sociedad será diferente, por lo que en función de los daños y perjuicios que puedan provocar, la contratación del seguro será diferente, proporcional e individualizado a cada robot.

La quinta hace referencia a los diferentes derechos y obligaciones que generarán los robots, no solo los diseñadores, programadores, creadores y usuarios tendrán que respetar unas obligaciones y disfrutar de una serie de derechos, también algunos robots asumirán su responsabilidad. En un primer momento, el término que se debe utilizar para referirse a estas máquinas será "Personas electrónicas".

La sexta ley hace referencia a que los robots, con el objetivo de reducir el impacto que está suponiendo y que aún más va a suponer en el futuro a corto y medio plazo su entrada inminente en el mundo laboral, deberán asumir la obligación de pagar impuestos. Tras haber podido comprobar que la eficiencia y ahorro que se produce en las empresas por la irrupción de las máquinas en el empleo es exponencial, esto ha supuesto y está implicando el despido de numerosos trabajadores, de tal manera, que lo que se persigue con esta ley a través de los impuestos es proporcionar ayudas y subvenciones a todos aquellos trabajadores desempleados. Tributando en la seguridad social se reduce el impacto en los sectores de trabajo que se están viendo afectados.

Muchos países se han dado cuenta de todas estas situaciones y ya han comenzado a desarrollar medidas normativas para adoptar la robótica y la inteligencia artificial en todos los sectores. Por eso nosotros no deberíamos de quedarnos atrás, porque si no, cuando llegue el momento tendríamos que aplicar las medidas que hayan aplicado otros países en vez de implantar nuestras propias medidas acorde con nuestro paradigma social (Andreu, G. R. 2021).

Considerando todas estas circunstancias y todos estos hechos, hay un principio que tenemos que tener claro, que será de cara a crear las leyes que nos permitan regular todas estas medidas, deberán de ir dirigidas para todos aquellas empresas, trabajadores y apps que investigan y potencian el mundo de la robótica y la inteligencia artificial, que al fin y al cabo son ellos los que harán posibles dichos efectos, las máquinas carecen de sentido de la razón para discernir entre lo que está bien y está mal, de tal manera que estas se ceñirán a los parámetros programados por el ser humano. Teniendo esta premisa clara, debemos de contar con normas que nos ayuden a preservar la transparencia, la dignidad y la igualdad de todos, pudiendo pedirle cuentas y responsabilidad a las personas que han diseñado y creado estos dispositivos y máquinas. Para poder tener un control de dichas actuaciones y respetar los códigos éticos será necesario autorizar a dichas personas a través de algún tipo de licencia como ya se hace en numerosos trabajos.

8.3. Mecanismos y controversias de la Regulación actual en España sobre inteligencia artificial

A nivel nacional, la utilización de datos personales implica una serie de controversias, basadas fundamentalmente en el Derecho y la legislación. El derecho a la protección de datos personales está regulado en nuestro ordenamiento jurídico como un derecho fundamental en la Constitución Española. En ese sentido, puede destacarse el artículo 18.1, que trata sobre la intimidad personal, otorgando una protección especial a los datos personales de los individuos.

Dichos datos son de carácter personalísimo, es decir, que pertenecen únicamente a un individuo concreto, y se confiere a dicho individuo la potestad de conocer quién dispone de esos datos, hasta qué punto y de qué manera, garantizando así su autodeterminación informativa. Asimismo, el Tribunal Constitucional diferencia el derecho a la libertad informática del derecho a la intimidad y reconoce, en diversas sentencias, la necesidad de que el individuo sepa, en todo momento, no solo quién, sino con qué finalidad se emplean sus datos personales.

Así, el objeto del derecho fundamental a la protección de datos no quedaría reducido solo a los datos íntimos de la persona, sino a cualquier tipo de dato personal, íntimo o no, cuyo conocimiento o empleo por terceros pueda afectar a sus derechos, sean estos fundamentales o no. Este derecho está, además, ligado en cierto modo al de protección de la intimidad, ambos irrenunciables y que incluyen datos de carácter sexual, económico, laboral...

España, al formar parte de la Unión Europea, para afrontar cualquier conflicto o impacto negativo en el ámbito sanitario, deberá atender no solo a la normativa nacional que tenga integrada en su sistema jurídico, si no también todas aquellas normas vinculantes a nivel europeo. Lo mismo ocurre con cualquier otro Estado que forme parte de la Unión Europea.

Antiguamente, en el sector de la medicina a nivel nacional, existía un axioma paternalista que consistía en tomar las decisiones con el lema de: "todo para el paciente, pero sin el paciente". Dicho axioma paternalista cambio a raíz de la Ley 41/2002, de 14 de noviembre, básica reguladora de la autonomía del paciente y de derechos y obligaciones en materia de información y documentación clínica. A día de hoy, esta ley es la norma en España que permite al paciente decidir sobre qué tipo de tratamiento prefiere de cara a afrontar cualquier patología, y a su vez, permite al paciente aceptar o rechazar salvo algunas excepciones, cualquier tipo de asistencia y tratamiento sin que los médicos o profesionales sanitarios puedan oponerse pese a no ser la decisión que ellos consideran más aconsejable u óptima.

En el plano asistencial la ley 41/2002 regulas los derechos de los pacientes, especialmente, ofrece grandes garantías sobre el derecho a recibir una información adecuada a los pacientes. Sin embargo, si queremos conseguir las mismas garantías con la inclusión de algoritmos y sistemas que tengan integrada IA en el sector de la salud, deberemos tener en cuenta y regular diferentes situaciones adicionales. Un ejemplo de ello sería la capacidad que tienen estos algoritmos de predecir y generar resultados adicionales como las diferentes patologías que cada paciente podría desarrollar a partir de los datos proporcionados por los mismos pacientes de forma previa. Estas predicciones y relaciones de los datos que predice el sistema no dejan de ser un planteamiento de hipótesis, por lo que el profesional sanitario, deberá de valorar y decidir cuáles son las hipótesis sobre las que deberá de informar al paciente según su gravedad, probabilidad de que suceda y la viabilidad en el tratamiento que exista en ese momento.

En España a la hora de poder determinar quién es el propietario de las historias clínicas, y cuáles son los derechos y obligaciones con respecto a ellas, es necesario acudir a la doctrina, ya que se entiende que existe una copropiedad entre el paciente, el centro y los profesionales sanitarios asistentes. Dicha relación de copropiedad se basa en que el paciente es el propietario de la información que contiene la historia clínica, el centro es el responsable de la guarda y custodia de las historias clínicas y los profesionales sanitarios son los responsables de cumplimentar las historias clínicas y los propietarios de las anotaciones subjetivas que forman parte de dichas historias clínicas.

El propietario de la información sobre la salud de cada paciente será el propio paciente. Además, tanto las instituciones, como los profesionales sanitarios, salvo por algunas excepciones de origen terapéutico o legal que reconoce dicha ley, deberán de informar siempre a los pacientes antes de compartir cualquier dato o información referente a ellos.

Las grandes empresas tecnológicas como Google se han hecho eco y son plenamente conscientes del valor económico que aportan los datos en todos los sectores, incluyendo el de la salud. Hay que tener en cuenta que las empresas que trabajan en diferentes sectores, en ocasiones son capaces de conectar y vincular nuestros datos para obtener información relevante para potenciar sus objetivos e intereses. Por este motivo es necesario regular estos sistemas y que las organizaciones nacionales e internacionales jueguen un papel activo y cooperen entre sí. Solo de esta forma se logrará alcanzar un equilibrio entre las nuevas tecnologías, la investigación y los derechos y obligaciones de los ciudadanos en general y de los usuarios de estas herramientas.

Cuál va a ser la forma de regular la aplicación de la Inteligencia Artificial y el Big Data para proteger y no vulnerar la protección de los datos de los pacientes y usuarios, creando un consentimiento genérico valido y completo, es un tema de gran relevancia tanto para el mundo de la Sanidad como para el del Derecho. Por tanto, este estudio, que todavía carece de antecedentes en España, pretende arrojar luz sobre la situación actual y aportar sugerencias que sean de utilidad para profesionales sanitarios, expertos en legislación y la comunidad académica en general.

9. JUSTIFICACIÓN

La aplicación de la IA en medicina es reciente. Dado que hasta este momento no se ha estudiado cómo es la regulación de la IA en medicina, ni tampoco qué problemas éticos y legales está presentando, se ha diseñado el presente estudio para investigar los problemas éticos y legales que está planteando la aplicación de la IA a la sanidad española.

Objetivos

1. HIPÓTESIS

La regulación actual de la IA en medicina es escasa o está desfasada. Además, la aplicación de la IA está planteando problemas éticos relevantes que no están siendo respondidos.

2. OBJETIVOS

- OBJETIVO GENERAL: Describir los problemas éticos y legales que está teniendo la aplicación de la Inteligencia Artificial a la sanidad española.
- OBJETIVOS ESPECÍFICOS:
  - Analizar la normativa española relacionada con la Inteligencia Artificial aplicada a la medicina.
  - Describir la opinión que tienen los profesionales sanitarios sobre la aplicación de la Inteligencia Artificial a la medicina.

Material y métodos

Para responder a los objetivos planteados, se ha diseñado una investigación en dos etapas:

- Revisión bibliográfica sobre la normativa vigente en España en relación a la IA aplicada a la medicina.
- Cuestionario a los profesionales sanitarios sobre la experiencia, el conocimiento y los problemas éticos que suscita la IA.

1. REVISIÓN BIBLIOGRÁFICA DE LA NORMATIVA VIGENTE EN ESPAÑA SOBRE IA APLICADA A LA MEDICINA

Se ha realizado una revisión bibliográfica sobre la normativa vigente en España en relación a la IA aplicada a la medicina. Además, para intentar identificar diferentes formas de resolución de conflictos relacionados con la IA, se ha analizado y revisado a nivel jurisprudencial sentencias relacionadas tanto con los derechos y obligaciones de los profesionales sanitarios, como de los pacientes y usuarios donde se identifique la responsabilidad de todos los implicados en cada supuesto.

La revisión normativa y jurisprudencial se ha centrado en identificar y comparar los diferentes elementos y criterios de regulación de los últimos cinco años. En España este proceso queda supeditado a la jerarquía normativa que presenta el sistema jurídico español, por lo que, la Constitución como norma suprema, fue la primera norma que se tuvo que tener en cuenta como base, antes de analizar las otras normas con rango de ley, el Código Civil y Penal, Reglamentos, Tratados Internacionales y Sentencias tanto del Tribunal Supremo como del resto de Tribunales de justicia.

Para ello:

- Se ha efectuado una búsqueda bibliográfica en las bases de datos jurídicas españolas (Scopus, Dialnet y VLex), tanto respecto a la legislación española como sobre la europea.
- Se han revisado las comunicaciones, recomendaciones y los informes de la Comisión de la Unión Europea y del Parlamento Europeo de los últimos seis años acudiendo directamente a la página oficial de cada institución, indicando el año e introduciendo la palabra Inteligencia Artificial. Se ha revisado la Carta de los Derechos Fundamentales de la Unión Europea, la Declaración de Helsinki que trata sobre los principios éticos para las investigaciones médicas en seres humanos de 1975, el Tratado de Funcionamiento de la Unión Europea firmado en Roma el 25 de marzo de 1957, la Estrategia Nacional del Ministerio de asuntos económicos y transición digital del año 2020, los 169 artículos que forman parte de la Constitución Española, los comunicados de los últimos cinco años de la Comisión Europea relacionados con protección de datos e inteligencia artificial, el Reglamento del Parlamento Europeo 2016/679 relativo a la protección de las personas físicas en lo que respecta al tratamiento de datos personales y a la libre circulación de los datos, la comunicación de la Comisión al Parlamento Europeo sobre Inteligencia Artificial para Europa que se realizó en Bruselas el 25 de mayo de 2018, la Ley Orgánica 3/2018, de 5 de diciembre, de Protección de Datos Personales y Garantía de los derechos digitales, la Ley 15/2022, de 12 de julio, integral para la igualdad de trato y la no discriminación, el Decreto-ley 2/2023, de 8 de marzo, de medidas urgentes de impulso a la inteligencia artificial en Extremadura.
- Se ha realizado una búsqueda jurisprudencial para identificar sentencias que respalden los fundamentos jurídicos utilizados en el estudio, dichas sentencias se buscaron en el Boletín Oficial del Estado español (BOE). Además, se han

tenido en cuenta los criterios de la Organización Internacional de Normalización ISO de 2015 en el campo de la robótica.

- Se han analizado los códigos de ética de las siguientes profesiones sanitarias españolas: medicina, enfermería, odontología, psicología y fisioterapia.
- Para completar el análisis, se ha llevado a cabo una búsqueda bibliográfica en PubMed con el término MESH "Inteligencia Artificial" en lengua española, restringiendo la búsqueda a los últimos cinco años. De los 261 resultados obtenidos se excluyen 5 por duplicidad y 16 por tratar sobre la sanidad en otros países que no están dentro de la Unión Europea, por lo que al final obtenemos un total de 240 resultados. Dichos resultados serán analizados para conocer en mayor profundidad el uso de la IA dentro de la medicina y así poder abordar con mejor criterio la existencia o necesidad de normativas jurídicas.
- Se ha realizado un cuestionario que tiene como objetivo valorar la experiencia y la opinión de los profesionales sanitarios respecto a la Inteligencia Artificial.

Tras ello, se ha se ha realizado un análisis de la legislación de acuerdo con los principales retos que plantea al derecho la IA:

- El principal reto que ofrece las nuevas tecnologías y la Inteligencia Artificial es su rápida evolución e integración en nuestra sociedad, en comparación con la capacidad de adaptación que ofrecen nuestras normas jurídicas; provocando que nuestro sistema de fuentes y nuestro ordenamiento jurídico se vean inmersos en una continua readaptación e interpretación de las normas vigentes para ofrecer una solución lo más justa y equitativa posible.
- Partiendo de la base en la que se fundamenta nuestro sistema jurídico, en donde el juez resuelve en todo en caso, independientemente de la existencia o no de ley vigente y

reguladora; se plantea si dicha solución es suficiente para resolver en derecho las controversias planteadas por la IA o por el contrario sería necesario la regulación específica sobre la materia.

- Si entendemos que la IA nace con sesgos humanos, se plantea el reto de resolver la obligatoriedad legal, a la que están sujetas todas las Administraciones Públicas de regular con perspectiva de género e igualdad, evitando el sesgo de las minorías.
- Tras discutir los resultados encontrados, se realiza una propuesta para regular la aplicación de la IA a la medicina.

2. CUESTIONARIO A LOS PROFESIONALES SANITARIOS SOBRE LA IA APLICADA A LA MEDICINA

2.1. Diseño de la encuesta. Creación de encuesta y personas que participaron

Para diseñar las preguntas que forman parte de la encuesta, se tuvo en cuenta el segundo objetivo específico que integra este trabajo que consiste en describir el conocimiento y opinión que tienen los profesionales sanitarios sobre la aplicación de la Inteligencia Artificial en medicina. Una vez elaborado el cuestionario, se hizo un pre-test a 15 profesionales sanitarios clínicos, y 15 profesores de Universidad formados en alguna profesión de ámbito sanitario. Una vez realizado el pre-test, se tuvo en consideración todas aquellas sugerencias relevantes por parte de ambos dos grupos y se configuro la encuesta. Además, Para confirmar que el cuestionario cumplía el objetivo que se persigue en esta investigación, se presentó dicho cuestionario al comité de ética del Hospital de Alcorcón donde se valoró si las preguntas planteadas en la encuesta cumplían con el objetivo pretendido por el investigador.

Una vez obtenida la confirmación del comité de ética del hospital de Alcorcón, se envió al comité de ética de investigación de la Universidad Europea de Madrid, que, tras su deliberación, se obtuvo la confirmación para poder lanzar dicha encuesta a los diferentes profesionales sanitarios que ejercen en España. El código de referencia otorgado por el comité de investigación es: CI_23.222.

Se trata de un cuestionario voluntario y anónimo. Una vez que los profesionales sanitarios prestaban su consentimiento de cara a participar en el cuestionario, los datos personales que se solicitaban a los profesionales sanitarios eran el sexo, la edad, los años totales de experiencia profesional y el centro de trabajo donde desarrollaba su ejercicio profesional. El cuestionario fue configurado a través de la plataforma Google Forms, y era enviado a los encuestados a través de tres vías de comunicación: la primera vía era a través de un correo electrónico que me pudiesen facilitar, la segunda vía fue a través de wasap, y la tercera vía fue a través de entregar en hospitales cuestionarios impresos para que algún médico pudiese compartirlo entre sus compañeros. A través de las tres vías se aseguraba el anonimato de los encuestados, ya que, a través de las dos primeras vías, llegaba a la plataforma Google Forms sin la posibilidad de identificar a las personas que lo habían enviado, y a través de la tercera vía, el hospital me avisaba cuando había varias encuestas entregadas y me las dejaban todas juntas en un sobre en administración para que las pudiese recoger.

2.2. Objetivos de la encuesta

Se ha realizado por medio de un cuestionario, que pretende valorar la experiencia y el grado de conocimiento sobre Inteligencia Artificial que tienen los profesionales sanitarios clínicos que ejercen en España y cuál es su opinión al respecto.

El objetivo de esta parte del estudio consiste en obtener información sobre el conocimiento de los profesionales sanitarios acerca de la Inteligencia Artificial y el uso de la misma dentro de su sector. Para ello, se confeccionaron diferentes preguntas que fueron revisadas por un comité científico pluridisciplinar antes de ser enviado al comité de ética.

2.3. Diseño: Preguntas que forman parte de la encuesta

El cuestionario se compone por un total de 15 preguntas y se abre un espacio adicional en forma de cuadro donde los encuestados pueden expresar libremente su opinión sobre el cuestionario. Los encuestados únicamente podían responder y enviar la encuesta sí habían dado su consentimiento de forma previa. De las 15 preguntas, solo hay tres que están configuradas como multirrespuesta, con respecto a las otras doce restantes, solo podrán elegir una única respuesta. Para poder enviar el cuestionario no era necesario responder a todas las preguntas. La última parte del cuestionario consiste en un cuadro final donde podían expresar su opinión si lo estimaban oportuno.

2.4. Variables de la encuesta

Las variables de la encuesta se pueden dividir en tres bloques: variables donde obtenemos información del encuestado, variables donde obtenemos la información necesaria para el estudio planteado, y, por último, una variable donde permitimos a los encuestados dar su opinión.

Dentro del primer bloque tenemos las siguientes variables:

- Sexo. Esta variable consta de tres opciones: Varón; Mujer; o Prefiero no decirlo.
- Edad. Es una variable donde se le pide al encuestado que indique la edad que tiene de forma numérica.
- Años totales de experiencia profesional. Variable donde se le pide a encuestado que indique, de forma numérica, cuantos años de experiencia posee.
- Centro de trabajo. Es una variable de respuesta múltiple, dándole al encuestado cinco opciones: Hospital; Atención

primaria; Consulta en centro de especialidades; Universidad; Otros, donde se le pide especificar cual.

El segundo bloque de variables consiste en las variables definidas para el análisis concreto del problema planteando en el estudio. Estas variables son:

- ¿Qué labor desempeñas como profesional sanitario? Consiste en obtener la información de la profesión sanitaria del encuestado. Se proponen cinco alternativas, de las cuales las cuatro primeras son profesiones concretas (médico/a, enfermero/a, fisioterapeuta, psicólogo/a) y la quinta opción esta descrita como otros (especificar) para poder tener una alternativa para aquellos encuestados que no trabajen en ninguna de las opciones propuestas anteriormente, además de pedirles que especifiquen cuál es su profesión.

- ¿Estás familiarizado con el uso de IA aplicada en el sector sanitario? Aquí se busca saber que conocimiento tiene el encuestado sobre la IA en el sector sanitario, siendo una variable dicotómica, ya que solo se puede contestar si o no.

- En la actualidad, ¿se utiliza en tu centro alguna herramienta basada en IA? Se busca saber si el encuestado es consciente de si en su centro de trabajo existe alguna herramienta basada en IA. Se dan tres opciones de respuesta: Si, No y No lo se.

- ¿Utilizas en tu trabajo herramientas que tengan integrada la IA? Lo que se pretende obtener de esta variable es si el encuestado usa o no herramientas que tengan integrada la IA en su trabajo y con qué frecuencia, de ahí que las opciones que se le ofrecen son las siguientes: Sí, habitualmente; En ocasiones; No, en ningún caso; No lo sé.

- En caso afirmativo: ¿Cuándo fue la última vez que uso en su trabajo una herramienta que tuviera integrada IA? Esta variable va relacionada con la anterior, ya que lo que se busca es obtener, de los encuestados que si hayan contestado en la anterior variable que si usan IA en su trabajo, cuando fue la última vez de dicho uso. Las opciones que se les dan en este caso son: En las últimas 2 semanas; Hace más de 2 semanas; Hace más de 1 mes; hace más de 3 meses.

- ¿Consideras que en el momento actual la IA mejora la asistencia sanitaria? En este caso se pretende conocer la opinión del encuestado sobre el uso de la IA en la actualidad dentro del sector sanitario, si considera que uso está beneficiando la asistencia sanitaria o no. En este caso también se le facilita al encuestado tres opciones; Si; No; No lo tengo claro.
- ¿Consideras que en el futuro la IA mejorará la asistencia sanitaria? Se busca conocer la opinión el encuestado sobre si en un futuro el uso de la IA en el sector sanitario hará que este mejore o no. Para este caso se le da tres opciones de respuesta: Si; No; No lo tengo claro.
- ¿Consideras beneficio la IA para tu trabajo? Se define esta variable para conocer la opinión del encuestado sobre si la IA le está aportando beneficios en su trabajo o no. Las opciones de respuesta en este caso también esta predefinidas y son las siguiente: Si; No; No lo tengo claro.
- ¿Utilizas alguna herramienta basada en IA en tu día a día fuera de tu trabajo? Esta pregunta se plantea para conocer el uso de la IA fuera del ámbito laboral del encuestado. Las opciones de respuesta son: Si; No; No lo tengo claro.
- ¿Para qué crees que puede ser útil la IA en el futuro? Esta es una variable con opción de respuesta múltiple, donde se busca conocer la opinión del encuestado sobre la utilidad de la IA en un futuro. Las opciones que se ofrecen son las siguientes:
  - Para hacer diagnósticos más rápidos.
  - Para hacer diagnósticos más certeros.
  - Para pautar tratamientos más rápidos.
  - Para pautar tratamientos más acertadamente.
  - Para ahorrar costes económicos.

- Para facilitar el acceso a la sanidad a determinadas personas.
- Para facilitar la investigación clínica.
- Para facilitar así la investigación básica.
- Para automatizar labores repetitivas y liberar así al personal sanitario de las mismas.

Se han definido estas opciones en base a los resultados obtenidos en el análisis bibliográfico realizado en la primera fase de la investigación al conocer los posibles impactos que genera la IA en el ámbito sanitario.

- ¿Qué problemas crees que puede tener el uso de las herramientas de la IA en el sector de la salud? En este caso se pretende conocer las inquietudes del encuestado sobre los problemas que pueden surgir en el sector sanitario el uso de herramientas basadas en IA, definiéndola con la posibilidad de respuestas múltiples. Las opciones que se proponen son:
  - Que se sustituyan a los humanos, con pérdidas de trabajos.
  - Que se deshumanice la medicina porque la apliquen máquinas.
  - Que no se conozca bien de quién es la responsabilidad del acto sanitario porque lo realiza una máquina.
  - Que falle la tecnología.
  - Que no puedan acceder a ella las personas con barreras tecnológicas.
  - Que se dañe la confidencialidad de los usuarios.
  - Que la formación del personal sanitario empeore porque sus tareas las realizan máquinas.

Tras el análisis bibliográfico realizado se han observado ciertos miedos e inquietudes sobre el uso de IA, y los más frecuentes son los que se han plasmado en estas opciones.

- ¿Crees que la IA llegará a sustituir a los profesionales sanitarios? Se define esta variable para conocer la opinión del encuestado sobre la posibilidad de que el uso de la IA les pueda sustituir total o parcialmente en alguna de las áreas dentro del sistema sanitario. Las opciones que se les ofrece de respuesta son las siguientes: Si, para casi todo; Si, en algún área; No lo sé; En general no; No, en ningún caso.

- ¿Sabes si existe alguna norma que regule la IA en el sector sanitario? Con el uso de esta variable se pretende analizar el conocimiento de los encuestados sobre la regula de la IA dentro del sector sanitario. Se dan cuatro opciones de respuesta: Sí; Tengo dudas; No lo sé; No.

- ¿Te parece necesario que haya una norma que regule el uso de la IA en el sector sanitario? Se busca saber la opinión del encuestado sobre la necesidad de que la IA dentro del sector sanitario se regule o no. Se dan tres opciones de respuesta: Si; Tengo dudas; No.

- ¿En qué aspectos crees necesaria una normativa sobre la IA? Se vuelve a plantear esta variable con la opción de poder responden varias opciones, buscando la opinión del encuestado en que aspectos considera necesario regular la IA. Se dan las siguientes opciones:

  - En el diagnóstico.
  - En los tratamientos.
  - En investigación.
  - Para la protección de datos.
  - Para garantizar el consentimiento informado del paciente.
  - Para establecer la responsabilidad de las decisiones.
  - Otros (especificar)

De la misma manera que sucede en cuestiones anteriores, tras el análisis realizado se ha comprobado que estas opciones son las que recogen de forma más genérica el uso de IA en medicina, y por lo tanto, se ha considerado que son los aspectos donde sería necesario crear unas normas para su regulación.

Para finalizar se define una variable de respuesta libre donde se le pide al cuestionario, de forma voluntario, una opinión relacionada con el cuestionario:

- A continuación, puede expresar libremente alguna opinión en relación con el cuestionario. Variable definida de respuesta libre.

2.5. Cálculo del tamaño muestral.

Para determinar el tamaño de la muestra necesaria para el estudio se han tenido en cuenta diferentes factores estadísticos como el poder estadístico, la hipótesis, el error alfa, el error beta, la variabilidad, las posibles pérdidas en el estudio y el tamaño del efecto.

Tras consultar con diferentes expertos en estadística se ha decidido utilizar para el análisis de la encuesta la siguiente calculadora encontrada en: INEbase. Notas de prensa. Profesionales Sanitarios Colegiados Año 2021. [internet] 2021 [acceso: 20/06/2023]. Disponible en: https://www.ine.es/prensa/epsc_2021.pdf

El tamaño de la muestra se basa en la siguiente formula:

$$\textit{Tamaño de la muestra} = \frac{\frac{Z^2 p(1-p)}{c^2}}{1 + \left(\frac{Z^2 p(1-p)}{Nc^2}\right)}$$

Donde:

Z = Nivel de confianza (95% o 99 %)

p = .5

c = Margen de error (.04 = ±4)

N = Tamaño de la población

Para calcular el tamaño de la población se ha realizado la búsqueda en la web del Instituto Nacional de Estadística (INE) donde se ha utilizado un documento que data del año 2021 donde se indica el número de profesionales sanitarios colegiados, cuyo valor es 923.207.

Una vez obtenido el número de profesionales exacto, se ha utilizado la calculadora encontrada en INEbase, y se obtuvo como resultado un tamaño de muestra de 385 encuestados.

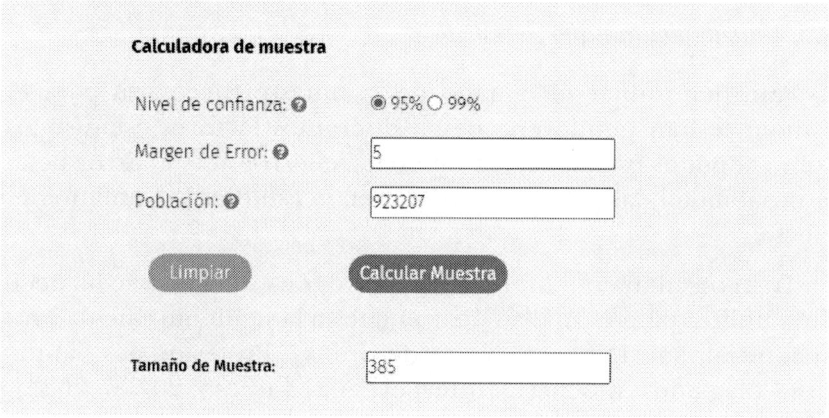

Calculadora de muestra

Nivel de confianza: ◉ 95% ○ 99%

Margen de Error: 5

Población: 923207

Limpiar | Calcular Muestra

Tamaño de Muestra: 385

Figura 1: Imagen de la calculado de muestra obtenida de INEbase

La obtención del tamaño de la muestra igual a 385 es algo bastante recurrente cuanto se calcula este tamaño para poblaciones muy grandes, generalmente por encima de los 100.00, que es lo que ocurre en nuestro caso, ya que, como indicamos anteriormente, nuestro población es superior a los 900.000, por lo que no, aunque el dato obtenido de INE es del 2021, este valor obtenido no tendría variación si el valor de la población estuviera más actualizado, ya que la diferencia entre el número de personal sanitarios colegiados de 2021 al del 2023 no haría que el cálculo del n muestral variase.

2.6. Análisis de los resultados de la encuesta

Para realizar el análisis de los resultados de la encuesta primero veremos los resultados desde un punto de vista descriptivo, es decir, analizaremos cada una de las variables por separado para poder obtener resultados globales de cada una de ellas.

Una vez realizado esta parte, se hará un estudio bivariante, agrupando la información por las variables de clasificación sexo, rango de edad, profesión, años de experiencia profesional y lugar de trabajo. Para saber si estas variables de clasificación escogidas tienen o no dependencia con cada una de las variables de la encuesta (resto de pregunta) utilizaremos la prueba de Chi-Cuadrado de Pearson, que consiste en un procedimiento estadístico que se usa para determinar si existe diferencia significativa o no entre los resultados esperados y los resultados observados.

Existe tres tipos de pruebas de Chi-Cuadrado de Pearson, la prueba de bondad, de independencia y de homogeneidad. En este caso, la que se va a utilizar es la prueba de independencia. Para ello se generarán dos hipótesis:

H0: No hay relación entre las variables (las variables son independientes)

H1: Si hay relación entre las variables (las variables no son independientes)

Una vez que tenemos claras las hipótesis realizaremos el cálculo usando la función en Excel de PRUEBA.CHI basada en la siguiente formula:

$$X^2 = \sum_{i=1}^{r}\sum_{j=1}^{c}\left[\frac{\left(A_{ij} - E_{ij}\right)^2}{E_{ij}}\right]$$

Donde:

Aij: frecuencia real en la i-ésima fila, j-ésima columna

Eij: frecuencia esperada en la i-ésima fila, j-ésima columna r: número de filas

c: número de columnas

Si este valor es inferior o igual a 0.05, entonces concluimos que la hipótesis correcta es H1, es decir que, si existe relación entre las variables, por lo que las variables son dependientes. En caso contrario, es decir, que el valor fuera superior a 0.05, entonces las variables son independientes, por lo que la hipótesis correcta sería la H0.

Solo en el caso en el que exista dependencia se realizará el análisis de la relación de ambas variables.

2.7. Aspectos éticos

El cuestionario de este estudio ha sido sometido a aprobación por el Comité de Ética de la Universidad Europea de Madrid, Valencia y Canarias, que vela por la calidad científica de los proyectos de investigación. Como el objeto de la investigación se hace con personas, este Comité veló por el cumplimiento de lo establecido en la Declaración de Helsinki y la normativa legal vigente sobre investigación biomédica (ley 14/2007, de junio de investigación biomédica).

Una vez que fue aprobado el estudio por el Comité de Ética de investigación de la Universidad Europea de Madrid facilitó dicha referencia: (Referencia comité de investigación: CI_23.222).

2.8. Ley de protección de datos.

El tratamiento, la comunicación y la cesión de datos de todos los participantes que han sido utilizados en el cuestionario de dicho estudio, se han ajustado a las directrices de privacidad, acceso y manejo de los datos regulados en el Reglamento General de Protección de Datos (RGPD) que entró en vigor el 24 de mayo de 2016. Además, todo lo relacionado con el manejo y circulación de datos se ha actuado conforme a la ley orgánica 3/2018, de 5 de diciembre, de Protección de Datos Personales y garantía de los derechos digitales ya que, a través de esta ley, se adapta el conjunto de normas jurídicas españolas al reglamento de la Unión Europea (UE) 2016/679 del Parlamento Europeo y el Consejo, de 27 de abril de 2016, relacionado con el manejo y circulación de datos y a la privacidad de la información de las personas.

De acuerdo a lo que establece la legislación mencionada en el párrafo anterior, cada participante podrá ejercer los derechos de acceso, modificación, oposición y cancelación de datos, para lo cual deberá dirigirse a mí como responsable del estudio.

Además, se les comunicó a los participantes que los datos que puedan ser transmitidos a terceros, en ningún caso contendrán información que les pueda identificar directamente, y en todo caso, siempre quedará garantizada la confidencialidad como mínimo con el nivel de protección de la legislación vigente en nuestro país. El acceso a la información quedará restringida al responsable del estudio, al director de la investigación, a los colaboradores que precisen comprobar los datos y procedimientos del estudio, al comité ético y autoridades sanitarias, pero siempre manteniendo la confidencialidad de acuerdo con la legislación vigente.

Resultados

1. REVISIÓN BIBLIOGRÁFICA DE LA NORMATIVA VIGENTE EN ESPAÑA SOBRE INTELIGENCIA ARTIFICIAL APLICADA A LA MEDICINA

En este apartado, se procederá a detallar los resultados obtenidos tras el análisis de la legislación vigente. Para ello, se comenzará con la normativa y las recomendaciones internacionales y de la Unión Europea y, a continuación, se comentarán las normas españolas y, por último, los códigos deontológicos actuales, dentro del marco de las profesiones sanitarias.

1.1. Normativa de la Unión Europea sobre IA en medicina

En la UE no hay una ninguna norma específica sobre IA aplicada a la medicina, por lo que a continuación se describen algunas normas europeas sobre IA que podrían ser aplicadas a la medicina.

Según la Comisión Europea, se considera que la IA es un sistema basado en programas informáticos que tienen incorporados dispositivos físicos y que presentan un comportamiento inteligente, siendo capaces de recopilar, analizar e interpretar datos de su entorno para generar objetivos específicos que pueden generar un impacto en su entorno (European Commission 2018). La norma ISO 8373 (ISO 8373:2012) define la robótica como aquellas máquinas multifuncionales que son controladas de forma automática y que se pueden reprogramar a través de la tecnología para realizar actividades que de forma habitual se venían realizando por el ser humano (Mercader Uguina, J. R. 2018). Esta norma en su Artículo 6 considera que todo impacto generado en el entorno de la IA y la robótica que produjese lesiones o daños a la sociedad o que vulnerase los derechos fundamentales de las personas y las normas de seguridad establecidas en la UE ha de ser considerado como un alto riesgo derivado del uso de la IA y la robótica.

La Directiva 85/374/CEE (Council Directive 85/374/EEC) regula la responsabilidad de los productos defectuosos por los posibles daños causados por ellos, lo que puede incluir productos que usen IA o robótica. Según esta Directiva, si consideráramos a los robots como un producto, se podría resolver quién tiene la responsabilidad de dos maneras. En la primera, el fabricante asumiría la responsabilidad por haber fabricado un producto defectuoso, siempre y cuando el perjudicado pueda demostrar el daño real, el defecto del producto y la relación del defecto del producto con el daño causado. En la segunda opción, el usuario es el responsable, por haber realizado un uso indebido del producto (Penco, Á. A. 2004).

Respecto a la privacidad y al acceso y manejo de datos, un tema fundamental en la IA es preciso nombrar el Reglamento General de Protección de Datos (RGPD) del Parlamento Europeo y del Consejo de 2016 (Regulation EU 2016/679). En dicho reglamento se establecen las normas relativas a la protección de las personas físicas en lo referido a los datos personales y a su libre circulación Burzaco Samper, M. (2020).

El Artículo 22 del RGPG trata el derecho de las personas a no ser objeto de decisiones basadas únicamente en el tratamiento automático de datos sin que medie la intervención de un profesional que pueda tener en cuenta los parámetros que no sean obtenidos de acciones estrictamente mecánicas, como la responsabilidad ética y moral de los pacientes y los profesionales sanitarios. Además, si estas decisiones le pueden ocasionar consecuencias negativas, deberá haber un control humano más exhaustivo. Se establece que los sistemas y herramientas que tienen integrada IA tienen que ayudar y apoyar a los profesionales sanitarios en la toma de las decisiones, pero no puede ser el único criterio. Por este motivo hay que reforzar la colaboración entre el ser humano y la tecnología de la IA.

Una norma fundamental en la UE sobre IA es la Resolución del Parlamento Europeo de 20 de septiembre de 2020 (European parliament 2020), que incluye recomendaciones destinadas a la Comisión sobre los aspectos éticos de la IA, la robótica y las tecnologías conexas. Esta norma incluye los programas informáticos, los algoritmos y los datos utilizados o producidos por las tecnologías, estén dentro o fuera de la UE. Con que una parte de dichas tecnologías se haya desarrollado o utilizado en la UE, aunque no tenga una ubicación geográfica en la UE, la normativa podrá aplicarse. La Resolución pretende establecer un marco regulador y unos principios éticos para desarrollar la IA, la robótica y las tecnologías conexas en la UE. La propuesta se basa en el Artículo 114 del Tratado (Consolidated version 2008) sobre el funcionamiento de la UE, donde se promueve la adopción de medidas que aseguren el funcionamiento del mercado interno. Una parte fundamental es el establecimiento de un mercado digital único en la UE. La Resolución busca evitar la fragmentación del mercado y que las normas nacionales dificulten la libre circulación de servicios y productos con IA. Promueve también la imposición de límites reguladores cuando haya sistemas de IA de alto riesgo para la seguridad y para los derechos fundamentales.

El Artículo 5 de la Resolución establece que la IA, la robótica y las tecnologías conexas deben utilizarse conforme al derecho de la UE y respetando la dignidad, la autonomía y la seguridad humana, así como los derechos fundamentales establecidos en la Carta de los Derechos Fundamentales de la UE. La UE y los Estados miembros tendrán que fomentar proyectos de investigación basados en IA y robótica destinados a promover la inclusión social, la democracia, la equidad, la cooperación y la igualdad. Los datos (personales y no personales), se deben manejar conforme al Reglamento UE 2016/679 (Regulation EU 2016/679) y la Directiva 2002/58/CE (Directive 2002/58/EC), los cuales señalan que los datos solo podrán ser utilizados por las autoridades públicas y por los Estados miembros cuando tengan fines de interés público esencial. El Artículo 7 es sobre IA antropocéntrica y antropogénica. Solo se desarrollarán y utilizarán las tecnologías de IA de alto riesgo cuando se pueda garantizar una supervisión humana integral y si puede restablecer en todo momento el control humano.

El Artículo 8 establece que solo se podrán utilizar la IA y las tecnologías conexas cuando se pueda garantizar un nivel de seguridad que cumpla con unos requisitos mínimos de ciberseguridad y que sea proporcional al riesgo identificado. En caso de riesgo para la seguridad, se tendrá que garantizar un plan y unas medidas alternativas. El Artículo 9 determina que las tecnologías no podrán discriminar por motivos de raza, sexo, orientación sexual, discapacidad, lengua, religión nacionalidad, estado social y económico, opiniones políticas o si se tienen antecedentes penales. El Artículo 10 señala que la IA, la robótica y las tecnologías conexas no podrán interferir en la difusión de la desinformación, respetando los derechos de los trabajadores y promoviendo la calidad de la educación y la alfabetización digital, para no aumentar la brecha de género ni impedir la igualdad de oportunidades.

El Artículo 13 recalca el derecho de resarcimiento de toda persona, física o jurídica, que sufra daños causados por el desarrollo de la IA, la robótica y las tecnologías conexas. De acuerdo con el Artículo 16, el certificado europeo de conformidad ética será expedido por la correspondiente autoridad nacional cuando esta haya evaluado la tecnología. El Artículo 17 señala que los datos utilizados o producidos serán controlados por los desarrolladores y los usuarios, conforme a las reglas y normas de la UE y de las demás organizaciones europeas e internacionales. Las personas encargadas de desarrollar los datos deberán establecer controles de calidad sobre las fuentes externas de los datos y sobre los mecanismos de supervisión. El Artículo 18 señala que cada Estado miembro designará una autoridad pública independiente encargada de controlar la aplicación del Reglamento. Esta llevará a cabo la evaluación de los riesgos, sin perjuicio de la legislación de cada Estado, y servirá como primer punto de contacto ante cualquier sospecha de que no se estén cumpliendo los principios éticos del Reglamento. La autoridad nacional de control supervisará también la aplicación de las normas de gobernanza nacionales, europeas e internacionales sobre IA y robótica. Proporcionará orientación y apoyo sobre la legislación de la UE y sobre la manera de aplicar la IA y los principios éticos del Reglamento.

En 2018, la CE publicó un plan sobre IA (Communication 2018). Dicho plan establece que el Observatorio IA Watch será el encargado de vigilar la implementación de la IA. En 2020 se presentó un Libro Blanco sobre excelencia en la IA (White paper 2020). En 2021 la CE propuso acciones para fomentar la excelencia de la IA y garantizar la fiabilidad en el uso de la tecnología, recogidas en la propuesta para el desarrollo de la Artificial Intelligence Act (Proposal 2021) y en el plan coordinado de IA (Communication 2018). En este plan, la Comisión Europea propone la armonización de las normas sobre IA (desalentando su regulación a nivel exclusivamente nacional) y regular su uso a través de la Artificial Intelligence Act antes mencionada. Propone prohibir los sistemas de IA que conlleven riesgos inaceptables, como la manipulación de los ciudadanos a través de técnicas subliminales o la explotación y el aumento de la riqueza a partir de la identificación de las vulnerabilidades de las personas. Otras prohibiciones son la "puntuación" de las personas basadas en IA por las autoridades públicas y la identificación biométrica en tiempo real y en remoto.

AI watch national strategies on artificial intelligence: a European perspective (Jorge et al 2022) es un plan coordinado sobre IA para la UE de 2022. El plan detalla las líneas maestras para las estrategias sobre IA en la UE, publicadas ya por 23 países miembros y por Noruega. La primera línea estratégica es ofrecer las condiciones adecuadas para el desarrollo de la IA. Para fomentar la capacidad informática, 20 países están organizando políticas e infraestructuras de procesamiento y manejo de datos. La segunda es fomentar la excelencia, desde en investigación hasta en el mercado. Muchos países están estableciendo colaboraciones público-privadas y están creando centros de excelencia e investigación en IA, y la mayoría de los países han adquirido el compromiso de crear instalaciones para la experimentación en IA. La tercera línea consiste en asegurar que la IA trabaje para el servicio de los ciudadanos y que sea una fuerza positiva para la sociedad. La cuarta se basa en construir un liderazgo estratégico en sectores de alto impacto: clima y medio ambiente, salud, sector público y, según los países, se añaden educación, industria manufacturada, migración, asilo y el cumplimiento de la ley. La quinta estrategia sobre IA son los planes de recuperación y resiliencia.

El 9 de diciembre de 2023 la UE aprueba la primera ley de IA de la historia con la que se pretende fijar las primeras reglas con las que poder limitar los riesgos de la IA. En un principio, dicha ley entrará en vigor a partir del año 2026 (Act, A. I. 2023).

Dicha ley, analiza los diferentes riesgos que implica el uso de la IA, y para poder regularlo, ofrece una agrupación en diferentes categorías en función del riesgo que generen tanto los sistemas como las herramientas que tengan integrado IA en cada sector. Por lo que, aquellas acciones que impliquen lo que han catalogado como un riesgo "inasumible", como pueden ser los sistemas que manipulen comportamientos, los sistemas que permitan identificar y reconocer las emociones de las personas o los sistemas de categorización biométrica para crear bases de datos de reconocimiento facial. Con esta ley, se pretende establecer una vía específica y estricta de cara a regular una serie de excepciones, siempre que haya una orden judicial, o se puedan evitar ciertos delitos graves o de ámbito terrorista. De tal manera que, la supervisión biométrica, se limitará en función del tiempo que sea necesario y la ubicación concreta, con el único objetivo de encontrar a víctimas de secuestro, evitar actos terroristas e identificar a personas sospechosas de haber cometido un delito tipificado en las excepciones que permiten utilizar la categorización biométrica.

Dentro de la categorización que propone esta nueva ley, se definen cuáles son los sistemas de IA autorizados pese a ser considerados de alto riesgo debido al impacto que generan en el ámbito de la salud, de la seguridad, en los derechos fundamentales, en el medio ambiente y en el Estado de derecho.

Cualquier sistema de IA que se pueda utilizar en los sistemas políticos que puedan alterar o influir en el resultado de las elecciones o en el comportamiento de los votantes, también serán catalogados como alto riesgo. Además, cualquier ciudadano tendrá derecho a recibir explicaciones sobre cualquier decisión que se haya tomado en base a los sistemas de IA que afecten a sus derechos, y a su vez, podrán presentar cualquier queja referente a esta situación.

Esta ley también prevé sanciones para todas aquellas personas que incumplan o vulneren dicha regulación, que oscilan entre los 35 millones de euros, a el 7% del volumen de negocio global en función del tamaño de las empresas hasta alcanzar los 7,5 millones de euros.

Otro punto a destacar de esta ley ha sido el hecho de haber introducido reglas específicas a la hora de usar plataformas como ChatGPT o DALL-E, que ya se permitió su uso por parte de la Comisión Europea con anterioridad.

El principal objetivo de esta ley es fijar unos estándares de seguridad que permitan que la tecnología se pueda usar sin que medien fines discriminatorios, ni puedan vulnerar los derechos fundamentales de los ciudadanos, y que tampoco se pueda manipular a la sociedad, sin que dicha regulación, interceda en la evolución ni en el crecimiento de la IA para que la Unión Europea pueda seguir siendo competitiva en el mercado global y no se quede atrás en comparación al resto de las potencias mundiales.

1.2. Legislación española sobre IA en medicina

Una vez resumido y mostrado el impacto positivo que está generando la Inteligencia artificial y la robótica en el ámbito sanitario y parte del tremendo potencial que aún posen la implementación de las nuevas tecnologías, se considera necesario reflexionar e identificar los posibles riesgos existentes en la posible vulneración de los derechos de los pacientes y de los ciudadanos en general.

En España no hay una ninguna norma específica sobre IA aplicada a la medicina, por lo que a continuación se describen normas sobre IA que podrían ser aplicadas a la medicina.

Para poder hacer frente a la posible vulneración de algunos de nuestros derechos, es preciso comenzar con la norma con mayor rango en España, también conocida como norma suprema, la Constitución Española (CE), (Constitución Española. Boletín Oficial del Estado, 29 de diciembre de 1978, núm. 311).

Es necesario hacer especial hincapié en el artículo 18 CE, ya que en él se protege el derecho al honor, el derecho a la intimidad ya sea desde un punto de vista personal o familiar, y el derecho a la propia imagen. El Tribunal Constitucional (TC) en la sentencia 14/2003, de 28 de enero de 2003 ya señaló que pese a ser tres derechos que poseen características similares y estar de alguna forma vinculados, son tres derechos claramente diferenciados y autónomos que derivan de la dignidad humana y están enfocados a la protección del patrimonio moral de las personas (STC 14/2003). Es por este motivo que profundizaremos un poco más en ellos.

En primer lugar, hablaremos del derecho al honor. Dicho derecho ha sido objeto de numerosas interpretaciones a nivel jurisprudencial a lo largo de su historia ya que se puede interpretar a través de diferentes puntos de vista que son, por un lado, la estima que cada persona puede tener sobre sí mismo, o el reconocimiento que pueden tener los demás sobre nuestra dignidad. Desde un punto de cista personal, el TC entiende que el derecho al honor tendrá que valorarse teniendo en cuenta la repercusión y relevancia pública que tenga la persona, el impacto que se haya producido en su vida privada y profesional, y bajo que circunstancias se haya producido la vulneración de dicho derecho. Algunas de las sentencias que respaldan este derecho por parte de este tribunal son la sentencia 46/2002, de 25 de febrero y la sentencia 204/2001, de 15 de octubre.

Es preciso destacar que el TC no solo reconoce este derecho a personas individuales, sino que también reconoce este derecho a pueblos o etnias, un ejemplo de ello es la sentencia 214/1991, de 11 de noviembre, que trata sobre el pueblo judío.

Con respecto al derecho a la intimidad, se vincula con la dignidad y la forma que tiene de desarrollarse cada persona en una esfera más privada y personal (art. 10.1 CE). A través de la sentencia 134/1999, de 15 de julio podemos observar que este ámbito del que hablamos, que es de carácter más reservado, se protege incluso con las personas que están más expuestas al público. Además, basándonos en el propio precepto constitucional, la intimidad no solo se protege en los individuos, sino también al núcleo familiar, un ejemplo de ello, son las sentencias 197/1991, de 17 de octubre y 231/1988, de 2 de diciembre donde el TC hace especial hincapié en este hecho.

Otro punto de este mismo artículo que tenemos que tener en cuenta para el objeto de nuestro estudio es el 18.4 CE ya que, en él, se regula y se limita el uso de la informática para poder garantizar la intimidad personal, la intimidad en el núcleo familiar y el honor.

La Constitución Española fue una de las primeras en incluir la protección de los datos frente al uso de la informática ya que en los años que se redactó, se empezaron a producir los primeros impactos negativos del uso ilimitado de los datos a través de esta vía, se tomó de ejemplo la Constitución de Portugal que la incluyo un par de años antes.

El TC de España, entiende que el derecho del uso de la informática, pese a estar relacionado con el derecho a la intimad, considera que es un derecho independiente, así lo refleja en varias sentencias como la SSTC 254/1993, de 20 julio y la SSTC 290/2000, de 30 de noviembre. Además, de forma más concreta, el TC considera que estamos ante un derecho fundamental de cara a la protección de datos, y se debe otorgar al ciudadano la facultad de oponerse a que determinados datos personales puedan ser utilizados sin su consentimiento o para otro fin diferente al que consintió previamente. En sentencias como la STC 94/1998, de 4 de mayo, el TC señaló que se debe de garantizar a cada persona el control sobre sus datos, su uso y la capacidad de elegir su destino para así poder evitar la vulneración del derecho a la dignidad y el posible tráfico ilegal de los datos personales.

La protección de los datos frente al uso de la informática también está especialmente vinculada con la libertad ideológica, ya que el almacenamiento y el uso de estos datos puede suponer un riesgo contra los que denominamos "datos sensibles" como por ejemplo la ideología política, religiosa y los relativos a la salud, que se encuentran regulados en el artículo 16 CE. El TC señala en sentencias como la STC 202/1999, de 8 de noviembre, que no se podrán incluir datos privados del afectado sin su consentimiento y se sancionara el uso indebido de los mismos. El Convenio del Consejo de Europa de 28 de enero de 1981 desarrolló el derecho para la protección de datos de carácter personal y la Ley Orgánica 5/1992, de 29 de octubre, de regulación del tratamiento automatizado de datos de carácter personal (LORTAD) es la ley que se utilizó para la regulación interna.

Actualmente es la Ley Orgánica 3/2018 de Protección de Datos Personales y garantía de los derechos digitales, de 5 de diciembre, la que regula la protección de datos de carácter personal. A través de la protección de datos se pretende conseguir que las bases de datos contengan los datos adecuados y correctos, que se supriman todos aquellos datos que dejan de ser necesarios, que los personas puedan acceder a su información a través de diferentes vías que le faciliten los datos y que los datos sensibles tengan una especial protección. Dicha ley también regula la posibilidad de modificar, crear y suprimir ficheros informáticos, así como la cesión de los mismos. Para garantizar el derecho a la protección de los datos frente al uso de la informática se crea la Agencia de protección de datos en el que deberán de inscribirse los ficheros (Ley Orgánica 3/2018).

Otor artículo que debemos de tener en consideración es el artículo 20.4 CE en el que se reconocen y protegen los derechos de transmitir y recibir información veraz a través de cualquier mecanismo de difusión. La ley se encargará de regular el secreto profesional y la cláusula de conciencia dentro del ejercicio de la libertad de expresión, protegiendo siempre el derecho al honor, el derecho a la propia imagen, y el derecho a la intimidad personal y del núcleo familiar.

En 2019 la UE solicitó a los Estados miembros que presentaran y publicaran sus planes coordinados sobre IA. Siguiendo los pasos que la agenda comunitaria y de Naciones Unidas, las cuales promueven la Agenda 2030, España hizo oficial su Estrategia Nacional de IA (ENIA) en 2020. Los efectos de dicha estrategia no comenzaron a adoptarse hasta 2021 (Ministerio de asuntos económicos 2020). La Agenda España Digital 2025, que incluye la IA, pretende impulsar la transformación en todos los sectores, incluida la medicina, a través de la cooperación entre el ámbito público y privado. Según la ENIA y la Agenda 2025, España busca la excelencia científica e innovadora en IA y hacer que esta sea inclusiva y sostenible. Para conseguirlo, España ha desarrollado varias medidas: creación de una Red Española de Excelencia en IA; establecimiento de centros de desarrollo tecnológico multidisciplinar que fomenten la IA; desarrollo de un Plan Nacional de Competencias Digitales que promueva una oferta atractiva para universitarios y profesionales; reforzar las capacidades de supercomputación y la puesta en marcha del Proyecto Datos por el Bien Social; lanzamiento del Fondo NextTech, público-privado, que promueve el emprendimiento digital; desarrollo del Programa Nacional de Algoritmos verdes; incorporar la IA en la administración pública a través de aplicaciones que mejoran la eficiencia en los servicios administrativos; desarrollar un sello de calidad IA a través de un Consejo Asesor IA. A través de todas estas medidas, España busca adaptarse al nuevo contexto de competitividad global en términos de IA.

El Real Decreto Legislativo 1/2007, por el que se aprueba el texto refundido de la Ley General para la Defensa de Consumidores y Usuarios (Real Decreto 1/2007), hace referencia a productos innovadores y su articulado se puede aplicar a los creadores de sistemas y programas basados en IA y robótica. En su Artículo 135, establece que las personas encargadas de fabricar productos deberán asumir la responsabilidad de aquellos daños y perjuicios que estos produzcan por estar defectuosos. El Artículo 138 define como productor a aquel fabricante o importador en la UE que participa en un producto terminado, en una materia prima o si integra cualquier elemento extra en un producto terminado. Si no es posible identificar al productor, será responsable el proveedor del producto. El Artículo 139 señala que el perjudicado deberá demostrar que existe nexo causal entre el producto y el daño y que existe algún defecto en dicho producto, o al menos en los productos de la misma serie. En el Artículo 140 se detalla que se produce exoneración si el producto no se hubiese puesto en circulación o si en el momento de comenzar a comercializar el producto no hubiese existido ningún defecto. También quedarán exentos si el producto no tuviese una finalidad económica ni se hubiese creado para venderlo.

De cara a poder aplicar la IA en el sector de la salud en España, es necesario respetar los derechos fundamentales y las libertades públicas tanto a nivel individual como a nivel social. Las dos referencias del marco jurídico español en relación a la protección de estos derechos de los individuos, y que, por lo tanto, habría que tener en cuenta a la hora de aplicar la IA en medicina son el RGPD y la Ley Orgánica 3/2018 de Protección de Datos Personales y garantía de los derechos digitales (Ley Orgánica 3/2018).

En este marco básico regulador, se recogen una serie de garantías que se tienen que tener en cuenta de cara a abordar la gestión de los datos a través de herramientas que tengan integrada la IA. Dichas garantías y derechos que protege la regulación actual han sido recogidos e identificados en 2020 por la Fundación Instituto Roche en los puntos mostrados a continuación (Romeo Casabona, C. 2020):

- La dignidad de cada persona junto con su intimidad y la autonomía de su voluntad.
- El consentimiento previo del paciente ante cualquier asistencia sanitaria asegurándose que dicho paciente ha recibido de forma clara y completa la información necesaria.
- El derecho por parte del paciente a decidir de forma libre que asistencia clínica prefiere recibir.
- El derecho a renunciar a un tratamiento que, en este caso, sería la aplicación de una herramienta que tenga integrada IA que genere cualquier resultado o impacto en el tratamiento o diagnóstico del paciente.
- El deber de cada paciente de colaborar con los profesionales sanitarios y el deber de aportar los datos relevantes de su patología de una forma veraz.
- La obligación de cada profesional de cumplir con la transmisión de la información de las prestaciones de cada técnica y respetar las decisiones adoptadas de forma libre por el paciente.
- La obligación de preservar el secreto profesional y proteger la información de la documentación clínica de sus pacientes.

Muchos de los derechos y principios que son regulados y reconocidos en nuestro sistema jurídico a favor de los pacientes, son los que podemos identificar a la hora de entrenar y nutrir las herramientas que tienen integrada IA y que, además, son aplicadas en medicina. Un ejemplo de ello es el procedimiento que se utiliza en Big data a la hora de gestionar los datos con el objetivo de entrenar los algoritmos de las maquinas que sirven, a su vez, para la toma de decisiones. En este procedimiento, se debe de respetar la intimidad del paciente, su autonomía y la protección de los datos personales de los mismos.

Por otra parte, tanto la autonomía del paciente como el principio de transparencia, también se deben de tener en cuenta de cara a la gestión de datos por estos algoritmos, ya que las personas que dan su consentimiento tienen derecho a conocer y a decidir sobre cómo se van a utilizar sus datos, para que se van a utilizar, que o quien los va a utilizar y durante cuánto tiempo.

Los artículos relevantes de la ley Orgánica 3/2018 son, por un lado, el artículo 1, donde se refleja el objetivo de adaptar las normas jurídicas españolas al Reglamento General de Protección de Datos Europeo. El Artículo 81, que se podría extender a la IA, hace referencia al derecho al acceso universal a internet, lo que puede incluir, por ejemplo, el uso de Webs médicas sobre diagnóstico o tratamiento que incluyan sistemas de IA. El Artículo 87 trata el derecho a la intimidad de los profesionales que utilicen sistemas y productos digitales. El empleador podrá acceder a los dispositivos que use el profesional con el objetivo de controlar el cumplimiento de sus obligaciones legales. En todo caso, se deberán respetar las normas legales y las normas de protección de la intimidad.

La ley 15/2022 integral para la igualdad de trato y la no discriminación (Ley 15/2022), en su Artículo 23 regula, por primera vez en España, la implementación de la IA por las administraciones públicas y en las empresas privadas. Ambas deberán promover el uso de la IA respetando los valores éticos, con confianza y respetando los derechos fundamentales recogidos en la Constitución Española. La Ley menciona unos criterios mínimos a tener en cuenta: minimización de los sesgos, rendición de cuentas y transparencia. Además, señala que se deberán incluir mecanismos explicando el origen de los datos utilizados en los sistemas para el entrenamiento de los algoritmos, el diseño de los mismos y el posible impacto discriminatorio que puedan generar.

La Ley 41/2002, de 14 de noviembre, básica reguladora de la autonomía del paciente y de derechos y obligaciones en materia de información y documentación clínica, subraya el derecho que tienen los pacientes de recibir una información adecuada y clara previa al consentimiento que tienen que otorgar antes de recibir diversas asistencias y actos clínicos. Por este motivo, a la hora de incluir sistemas y algoritmos que tienen integrada IA en los procedimientos sanitarios, en primer lugar, se debe de respetar el derecho que tienen los pacientes de conocer cuáles van a ser las herramientas que se van a utilizar en el procedimiento asistencial, independientemente de que tengan integrada IA o no, y cuáles van a ser las limitaciones y ventajas que proporcionará esta herramienta. Además, a partir del derecho a la explicación que contempla esta misma ley, y recalca el Reglamento Europeo (RGPD), el paciente deberá de conocer a partir de que criterio o procedimiento se tomaran de manera general las decisiones sobre su salud. Esto implica que el proceso técnico que se utilice en la toma de decisiones y los procedimientos que han permitido obtener los resultados tienen que ser transparentes, y las explicaciones pertinentes tendrán que ser claras y comprensibles.

Actualmente, existe el inconveniente que plantea la utilización de herramientas que tengan integradas IA en la práctica clínica asistencial con respecto al derecho a la explicación que tienen los pacientes, ya que los profesionales sanitarios clínicos no reciben toda la información necesaria y detallada sobre los procedimientos y mecanismos que han sido utilizados por las herramientas y algoritmos de IA para llegar a determinados resultados obtenidos. Esta circunstancia, independientemente de que sea porque los sistemas no estén en condiciones de proporcionar la información completa a los médicos responsables o porque los profesionales clínicos no disponen de la formación adecuada para comprender el manejo y funcionamiento de los sistemas y herramientas de IA, supone que el paciente no pueda recibir información suficiente, clara y detallada sobre el procedimiento que han llevado a cabo los algoritmos para proporcionar un resultado que está relacionado con su salud. Por otro lado, y dado que el profesional sanitario es el que realiza la asistencia y es el que debe de tener la última palabra a la hora de la toma de decisión, dicho profesional debe de conocer los elementos esenciales en los que se ha basado los algoritmos de IA para determinar el resultado (Romeo Casabona, C. M. (2020).

Un ejemplo de ello sería a la hora de establecer un sistema de triaje, si un algoritmo de una herramienta que tenga integrada IA propusiese que no se debe hospitalizar a un paciente con una enfermedad terminal frente a otros pacientes, los profesionales sanitarios asistenciales deberán de informar al paciente de forma clara y comprensible de los motivos por los que se ha llegado a esta decisión y cuál es la lógica que se ha aplicado para llegar a esta decisión.

De reciente aprobación, tenemos el Real Decreto 729/2023 de 22 de agosto, por el que se aprueba el Estatuto de la Agencia Española de Supervisión de IA (Ref. BOE-A2023-18911) con entrada en vigor el 3 de septiembre de 2023. Dicho Real Decreto modifica parcialmente tres normas jurídicas relacionadas con el objeto de estudio: la Ley 22/2021 de Presupuestos Generales del Estado, en su disposición adicional 130 referida a la creación de la Agencia Española de Supervisión de Inteligencia Artificial; la ley 28/2022 relacionada con empresas emergentes en España en su disposición 7 que remite a como se deben de crear Órganos Administrativos, a tenor del artículo 91 de la Ley 40/2015 del Régimen Jurídico del Sector Público; y el Real Decreto 403/2020 de 25 de febrero en su artículo 8 que trata sobre la Secretaría de Estado Digitalización de IA.

Dentro de la exposición de motivos de este Real Decreto 729/2023 se subraya que la creación de la Agencia Española de Supervisión de Inteligencia Artificial forma parte del Plan de Recuperación, Transformación y Resiliencia donde se han fijado diez políticas que fomentan y potencian el desarrollo de la agenda de inversiones y reformas estructurales. La política que nos compete en este estudio es la relacionada con el Pacto por la Ciencia y la Innovación en el que se incluye la Estrategia Nacional de IA (Componente 16, Reforma 1, del Plan de Recuperación, Transformación, y Resiliencia).

Tanto la manera de creación de dicha Agencia, como sus competencias están siendo constituidas en función de lo que establece la Propuesta de Reglamento del Parlamento Europeo y del Consejo en el que se fundamentan las normas armonizadas en materia de IA (Ley de IA). La Agencia deberá de actuar como contacto único para la Comisión, y actuar como representante de España ante el Comité Europeo de IA en aquellas materias relacionadas con la IA hasta que entre en vigor la normativa europea de IA a través de los diferentes sellos de calidad y responsabilidad que fomenta el Código de Buenas

Prácticas de IA Generativa producido dentro del Consejo de Comercio y Tecnología entre EEUU y UE (Vela, J. M. M. 2023).

A partir de este Real Decreto, no solo se subraya la necesidad de crear una estructura orgánica en la Agencia, sino también de proporcionar una mayor seguridad jurídica, además de cumplir con los principios de transparencia, eficiencia y de la no imposición de cargas administrativas adicionales.

1.3. Códigos éticos de las profesiones sanitarias españolas

En los Códigos de fisioterapia (Código deontológico de fisioterapia 2021), enfermería (Código deontológico de enfermería 1989) y psicología (Código deontológico de psicología 2015) no aparece ninguna referencia a la IA. En la última propuesta de actualización del Código de enfermería se añadieron tres artículos sobre redes sociales y comunicación virtual, pero dicha actualización no está vigente (Propuesta de actualización del Código deontológico de enfermería española 2022).

En relación al código deontológico de enfermería, El Código Deontológico del CIE para la Profesión Enfermera se revisa y modifica periódicamente para responder a las realidades de la enfermería y atender a los diferentes cambios que se van produciendo en el paradigma social. La versión de 2021 fue objeto de una revisión completa y robusta por parte de un Grupo de Expertos, que son miembros de la Junta del CIE y personal del CIE antes de que se tradujese al español y al francés. Además, el código deontológico de enfermería de Madrid en su última propuesta de mejora añade los artículos 87, 88 y 89 del capítulo XX que tratan sobre las redes sociales y la comunicación virtual, por lo que, en cierta manera ya ha contemplado los nuevos avances en sus actualizaciones.

Respecto al Código deontológico de Medicina, previa a su última actualización que ha sido recientemente en diciembre de 2022, no se hablaba expresamente sobre IA. Únicamente se hace referencia a los sistemas de telemedicina, que implica la transmisión de datos e información médica para la prevención, el diagnóstico, el tratamiento y la vigilancia del paciente (Código deontológico de Medicina 2011). La telemedicina puede contar con programas asociados de IA, tanto para el diagnóstico como para el tratamiento de pacientes, como por ejemplo determinadas Webs médicas. Si tomamos literalmente el Artículo 26 (3-5) del Código de 2011, se especifica lo siguiente:

1. El ejercicio clínico de la medicina mediante consultas exclusivamente por carta, teléfono, radio, prensa o internet es contrario a las normas deontológicas. La actuación correcta implica ineludiblemente el contacto personal y directo entre el médico y el paciente.
2. Es éticamente aceptable, en caso de una segunda opinión y de revisiones médicas, el uso del correo electrónico u otros medios de comunicación no presencial y de la telemedicina, siempre que sea clara la identificación mutua y se asegure la intimidad.
3. Los sistemas de orientación de pacientes, mediante consulta telefónica o telemedicina, son acordes a la deontología médica cuando se usan exclusivamente como una ayuda en la toma de decisiones.

Según dicho Código, la telemedicina no puede sustituir ni ser una alternativa a la consulta presencial, que es la forma de consulta correcta. El ejercicio clínico desarrollado a través de telemedicina no puede sustituir a la consulta presencial. Para que la telemedicina sea aceptable, se deben cumplir las siguientes características:

- La consulta se tiene que desarrollar bajo circunstancias que no permitan una consulta personalizada, la forma adecuada de consulta (Art. 26.3).
- La consulta debe ser interpretada como orientativa o como ayuda en la toma de decisión, toma de decisión que le corresponde al paciente tras la información recibida del profesional (Art. 26.5).
- Se han de respetar escrupulosamente las reglas de confidencialidad, seguridad y secreto profesional (varios artículos del CD y Art. 26.4).

- El paciente debe ser informado del servicio que se le presta (lo que incluye la identificación del médico) y debe conocer las condiciones del servicio. Tiene que autorizar y consentir ser atendido a través de telemedicina (Art. 26.4).

1.4. Nuevo Código de deontología de medicina de diciembre (2022)

Durante la investigación de uno de los objetivos del estudio, se han confirmado algunas actualizaciones por lo que se añadirán a continuación aquellas que son relevantes a nuestro estudio:

En diciembre del año 2022 se aprobó el nuevo código deontológico de medicina en España. Podemos observar que en el capítulo IV, historia clínica y documentación, tenemos que en el artículo 15 subraya la obligación que tiene el médico de invertir todos sus esfuerzos en conservarla. Además, la clave de acceso que tiene debe de ser personal e intransferible. Cualquier consulta ya sea con un objetivo docente o de investigación, deberá hacerse bajo la supervisión y control del médico responsable o tutor asignado.

En relación con la calidad en la atención humana, en su artículo 18.1 del capítulo V, se hace referencia que la atención médica debe de ser de calidad, humana y científica.

Con respecto a la responsabilidad del médico, según lo establecido en el artículo 24.2 y 24.3 del capítulo VI, el médico deberá de asumir las consecuencias negativas de los errores que pudie-1se cometer durante su ejercicio profesional y de sus actuaciones. Además, deberá disculparse para con el paciente y aportar todas las explicaciones de una forma clara y comprensible.

El secreto médico es fundamental en las relaciones médico-paciente en cualquiera de sus modalidades, por eso en el capítulo VII tenemos el artículo 28.5 donde se hace referencia a las interacciones que hacen los médicos en las redes sociales con respecto a la información de algún paciente. El médico deberá de realizarlas garantizando en todo caso el anonimato del paciente independientemente que sean con fines de investigación, docencia o de carácter asistencial. El artículo 29.2 de este mismo capítulo, también incluyen las publicaciones o presentaciones de casos clínicos en cualquier formato y por cualquier medio.

En el capítulo X, seguridad del paciente, queda reflejado en el artículo 39 que los médicos deberán dar prioridad en cada uno de sus actos a la seguridad y al bienestar del paciente. Además, en su artículo 41.2 se establece que los médicos deben de comunicar tanto a sus superiores como a los responsables de seguridad cualquier riesgo potencial que derive de cualquier equipamiento médico, de los profesionales sanitarios o cualquier otra circunstancia, y que dicha identificación conserve el nivel de anonimato propio de los sistemas de notificación.

En lo referente a la manipulación genética, el artículo 63.1, correspondiente al capítulo XV del código deontológico, subraya que solamente será legal siempre que tenga una finalidad terapéutica. Además, en relación a la clonación humana, el médico no deberá participar ni directa ni indirectamente.

El capítulo XXIII nos habla de la telemedicina y las tecnologías de la información y de la comunicación. En su artículo 80, se constata que, a la hora de usar medios telemáticos o cualquier sistema de comunicación con el fin de favorecer la toma de las decisiones, deberán de identificarse todas y cada una de las personas que participen de forma inequívoca, se deberá de preservar la confidencialidad de los pacientes, y se deberán de usar siempre vías de comunicación que puedan garantizar la máxima seguridad posible y extremar las medidas destinadas a este deber. Dichos usos tienen que regirse conforme al código deontológico médico (Lorenzo Aparici, M. O. D. 2022). Dentro de la historia clínica se debe registrar tanto el medio en que se realizó la consulta, como las recomendaciones que se hayan dado y el tratamiento médico que se pautó.

Por otra parte, en el artículo 81.2 de este mismo capitulo, queda reflejado que los médicos deberán de ser responsables de los daños directos o indirectos que se hayan ocasionado al paciente al usar los diferentes sistemas de comunicación. Además, durante el uso de la telemedicina, el médico deberá de preservar la misma base científica, profesional, veraz y prudente que mantiene en las asistencias tradicionales.

Continuando con este capítulo tenemos que el artículo 82.2 subraya que cualquier investigación o actividad relacionada con datos de salud e inteligencia artificial deberán de ser siempre en beneficio de la sociedad, y perseguir objetivos que fomenten la salud pública.

En el artículo 82.3 se indica que cualquier médico que utilice la Inteligencia artificial deberá de comprometerse a reforzar la protección en la confidencialidad, el control y la propiedad de los datos del paciente. Además, deberá de desarrollar modelos que incluyan el consentimiento del paciente y procedimientos de gestión de los datos.

Además, el artículo 83.1, prohíbe que el médico a través de sus publicaciones y difusiones genere falsas expectativas, alarma social, genere confusión o no actúe con el rigor exigido en el código.

Para finalizar con este capítulo tenemos el artículo 84.1 sobre publicidad médica, establece los criterios sobre el marketing sanitario y el proceso de creación de una marca en la red. Señala la obligación de cumplir las normas de este código y mencionar de forma explícita cuales son los patrocinios que ha recibido y los posibles conflictos de interés.

El capítulo XXIV sobre Inteligencia Artificial y Bases de Datos Sanitarios recoge los artículos 85 y 86. En ellos se establece que el médico debe de exigir un control ético con respecto a la investigación con inteligencia artificial, dicho control ético deberá de cumplir siempre con los criterios de transparencia, reversibilidad y trazabilidad de todos y cada uno de los procesos que intervenga para poder así garantizar la seguridad del paciente. Además, se subraya que, aunque los datos referentes a la salud que hayan sido extraídos de grandes bases de datos sanitarios o de algún sistema robótico puedan servir de ayuda en la toma de decisiones sanitarias o clínicas, no sustituirán la obligación que tiene el médico de cara a utilizar su buena práctica profesional.

El médico bajo ningún concepto podrá colaborar de forma intencionada en la manipulación de los datos ni de los resultados obtenidos por estas enormes bases de datos sanitarios.

El capítulo XXV que trata sobre la Publicidad Médica, en el artículo 90 se recalca que el médico que ofrece sus servicios a través de anuncios deberá de ser siempre con carácter informativo, y deberá de recoger su número de colegiado, su identidad, y su especialidad inscrita en el Colegio, también deberá declarar si existe o no algún conflicto de interés.

2. CUESTIONARIO A LOS PROFESIONALES SANITARIOS SOBRE LA INTELIGENCIA ARTIFICIAL APLICADA A LA MEDICINA

Una vez elaborada la encuesta se ha obtenido un total de participación de 398 profesionales sanitarios.

Con los resultados obtenidos se va a realizar tres tipos de análisis. En primer lugar, analizaremos los resultados que nos aportan un conocimiento sobre el perfil del participante. Después realizamos un análisis descriptivo de los resultados, y finalizaremos con un análisis bivariante de los mismos, con le objetivo de obtener unas conclusiones más específicas en dicha investigación.

2.1. Perfil del encuestado

En este primer análisis nos centraremos en realizar un estudio sobre el perfil del profesional sanitario que ha realizado la encuesta, realizando un análisis sobre el sexo, edad, que labor ejerce dentro del sector sanitario, años de experiencia profesional y centro de trabajo.

En la siguiente tabla se muestra las características que nos proporciona un conocimiento más amplio sobre el perfil de los profesionales sanitarios que han participado en la encuesta.

PERFIL PARTICIPANTES	N (%)
Sexo	
Varón	137 (34.4)
Mujer	256 (64.3)
Prefiero no decirlo	5 (1.3)
Grupos de edad	
< 35	122 (30.7)
35–44	121 (30.4)
> 45	155 (38.9)
Años de experiencia laboral	
< 10	116 (29.1)
10–19	123 (30.9)
> 19	153 (38.4)
Profesión	
Médico/a	210 (52.8)
Enfermero/a	68 (17.1)
Psicólogo/a	21 (5.3)
Fisioterapeuta	53 (13.3)
Otros	41 (10.3)
Lugar de trabajo	
Hospital	254 (53.7)
Atención primaria	53 (11.2)
Centro de especialidades	44 (9.3)
Universidad	41 (8.7)
Otros	81 (17.1)

Figura 2: Tabla con los datos del perfil del participante

En relación al sexo de los participantes, con los datos que se muestran en la tabla, vemos que la encuesta ha sido contestada mayoritariamente por mujeres, con el 64.3% de participación frente al 34.4% de varones. Además, se observa que existen 5 participantes, que implica el 1.3% de los encuestados, que han preferido no decir su sexo.

La siguiente característica que analizaremos es la que nos va a indicar el rango de edades de los profesionales sanitarios que han participado en la encuesta, para alcanzar el objeto de estudio de investigación, se ha distribuido a los participantes en tres grupos diferentes con tres rangos de edad que se dividen por un lado en profesionales sanitarios menores de 35 años, profesionales sanitarios entre 35 y 44 años inclusive y profesionales sanitarios de 45 años o más.

Del total de participación, tenemos que el rango de edad con mayor participación es el de 45 años y más, con una participación de 155 profesionales correspondientes al 38.9% del total.

El rango de edad de menores de 35 y el de 35 a 44 tenemos resultados bastantes similares, teniendo 122 y 121 respuestas en cada uno respectivamente. Esto corresponde a un porcentaje del 30.7% en el caso de los menores de 35 y a un porcentaje del 30.4% en los casos en los que los participantes tienes una edad comprendida entre los 35 y los 44 años.

Como podemos observar en los datos obtenidos, vemos que tenemos una muestra de participantes bastante equitativa en función de los rangos de edades predefinidos, ya que los porcentajes se encuentran entre el 30% y el 40% en los tres rangos de edad.

Se continua con la variable que hace referencia a los años totales de experiencia laboral, en función de su experiencia profesional, se ha distribuido a los participantes en tres grupos diferentes, los rangos escogidos son menos de 10 años de experiencia, entre 11 y 19 años de experiencia; y para finalizar más de 20 años de experiencia.

De los 398 participantes, a esta pregunta han contestado 392, es decir, tenemos una muestra del 98.5% del total.

De esta muestra tenemos que 116 profesionales sanitarios que han participado en la encuesta tienen menos de 10 años de experiencia laboral, correspondiente al 29.1%, frente al 38.4% de participantes correspondientes que tienen 20 años o más de experiencia, siendo estos 153 participantes el porcentaje mayor de los rangos de años de experiencia definidos. Entre estos dos rangos tenemos que 123 encuestados tienen entre 10 y 19 años de experiencia, es decir, el 30.9% del total de la muestra.

Continuamos analizando el centro de trabajo de los participantes, teniendo en cuenta que esta variable era de respuesta múltiple. Los centros de trabajo que se han propuesto son hospitales, centros de atención primaria, consulta en centro de especialidades, clínica privada, Universidad, y otros. En esta última opción, se les permite a los participantes añadir su centro de trabajo en el caso de que no esté dentro de las opciones propuestas.

De los 398 participantes tenemos que 13 de ellos han dejado la pregunta sin contestar, correspondiente al 3.3% del total, por lo que los valores válidos en esta pregunta han sido de 385.

Analizando los datos de la figura 2 vemos que en esta pregunta los entrevistados podían señalar más de una opción, por lo que el total de 473 respuestas no se refiere a la muestra estudiada, sino al número de opciones utilizadas.

Una vez aclarados estos puntos, lo que podemos observar es que de las 385 personas que han respondido a esta pregunta, 254 trabajan en un hospital (aunque han podido marcar otra opción), lo que equivale al 66% de la muestra, siendo el lugar de trabajo con mayor porcentaje.

El 11.2% de los encuestados trabajan en atención primaria, y como ocurre en el caso anterior también han podido marcar otra opción, y equivalen a 53 personas de los 385 profesionales sanitarios que han respondido a la pregunta. Del mismo modo, 44 personas pasan consulta en un centro de especialidades, que equivale al 9.3% de la muestra.

Por último, dentro de los lugares de trabajo especificados, tenemos que el 8.7% de la muestra indica que trabaja en la Universidad, correspondiendo este porcentaje a 41 profesionales sanitarios.

Hay un porcentaje del 17.1% en Otros, donde pudimos observar otros lugares de trabajo que no han sido relevantes para desglosarlos debido a la poca repetición de estos lugares con el resto de los participantes.

Para terminar con el análisis que nos da la información sobre el perfil de los participantes, tenemos la variable en la que nos informan sobre la labor que desempeñan como profesionales sanitarios, se han propuesto las profesiones de médico, enfermero, fisioterapeuta, psicólogo y la opción de otros para que señalen cualquier otra profesión.

De los 398 participantes, en esta pregunta tenemos que 5 encuestados la han dejado en blanco, por lo que en este caso tenemos una muestra de 393, correspondiente al 98.7% del total de la muestra.

De este 98.7% de la muestra vemos que la mayoría de los participantes son médicos, con el 53.4% de los mismos, siendo un porcentaje muy elevado en comparación con el resto de las profesiones.

En cuanto a enfermeros/as, y fisioterapeutas vemos que el número de participantes es bastante similar, contando con un porcentaje de participación del 17.3% correspondiente a 68 encuestados, y el 13.5%. que en este caso son 53 profesionales, respectivamente.

El menor número de participantes se centra en psicólogos, con tan solo el 5.3%, que corresponde a 21 respuestas de un total de 393.

Se ha definido una profesión como "Otros". Aquí están los profesionales sanitarios que desempeñan otro tipo de labor, que no se encuentras dentro de estas 4 anteriormente mencionadas, pero que el volumen de participantes para cada una de ellas no es suficientemente elevado como para tener dicha profesión en cuenta. Esta opción la han contestado 41 personas, que corresponde a un porcentaje del 10.4% de la muestra.

Una vez realizado el análisis de las variables que nos describen el perfil del participante en la encuesta, se va a analizar aquellas variables que nos van a indicar que conocimiento tienen los usuarios que han respondido a la encuesta sobre IA en el sector sanitario.

2.2. Análisis descriptivo de los resultados

A continuación, nos centraremos en realizar un estudio sobre los resultados obtenidos desde un punto de vista descriptivo, donde podremos analizar el conocimiento que posee sobre el tema del estudio.

En la siguiente figura podemos ver los resultados obtenidos para cada una de las cuestiones planteadas en la encuesta.

PREGUNTAS	**N (%)**
¿Estás familiarizado con el uso de IA aplicada en el sector sanitario?	
En blanco	2 (0.5)
Si	97 (24.4)
No	299 (75.1)
En la actualidad: ¿se utiliza en tu centro alguna herramienta basada en IA?	
En blanco	4 (1)
Si	74 (18.6)
No	171 (43)
No lo sé	149 (37.4)
¿Utilizas en tu trabajo herramientas que tengan integrada IA?	
En blanco	2 (0.5)
Sí, habitualmente.	27 (6.8)
En ocasiones.	73 (18.3)
No, en ningún caso	166 (41.7)
No lo sé	130 (32.7)
En caso afirmativo: ¿Cuándo fue la última vez que uso en su trabajo una herramienta que tuviera integrada IA?	
En blanco	281 (70.6)
En las 2 últimas semanas.	70 (17.6)
Hace más de 2 semanas.	12 (3)
Hace más de 1 mes	14 (3.5)
Hace más de 3 meses.	21 (5.3)
¿Consideras que en el momento actual la IA mejora la asistencia sanitaria?	
En blanco	1 (0.3)
Si	179 (45)
No lo tengo claro	202 (50.8)
No	16 (4)
¿Consideras que en el futuro la IA mejorará la asistencia sanitaria?	
En blanco	3 (0.8)

Si	280 (70.4)
No lo tengo claro	111 (27.9)
No	4 (1)
¿Consideras beneficiosa la IA para tu trabajo?	
En blanco	5 (1.3)
Si	231 (58)
No lo tengo claro	146 (36.7)
No	16 (4)
¿Utilizas alguna herramienta basada en IA en tu día a día fuera de tu trabajo?	
En blanco	2 (0.5)
Si	143 (35.9)
No lo tengo claro	84 (21.1)
No	169 (42.5)
¿Para qué crees que puede ser útil la IA en el futuro? (puedes señalar más de una)	
Para hacer diagnósticos más rápidos.	219 (12.7)
Para hacer diagnósticos más certeros	207 (12)
Para pautar tratamientos más rápidamente	135 (7.8)
Para pautar tratamientos más acertadamente.	150 (8.7)
Para ahorrar costes económicos.	197 (11.4)
Para facilitar el acceso a la sanidad a determinadas personas.	111 (6.4)
Para facilitar la investigación clínica.	276 (16)
Para facilitar así la investigación básica.	169 (9.8)
Para automatizar labores repetitivas y liberar así al personal sanitario de las mismas.	262 (15.2)
¿Qué problemas crees que puede tener el uso de las herramientas de la IA en el sector de la salud? (puedes señalar más de una)	
Que se sustituyan a los humanos, con pérdidas de trabajos.	174 (12.2)
Que se deshumanice la medicina, porque la apliquen máquinas.	279 (19.5)
Que no se conozca bien de quién es la responsabilidad del acto sanitario, porque lo realiza una máquina.	215 (15)
Que falle la tecnología	247 (17.3)
Que no puedan acceder a ella las personas con barreras tecnológicas.	217 (15.2)

Que se dañe la confidencialidad de los usuarios.	124 (8.7)
Que la formación del personal sanitario empeore, porque sus tareas las realizan máquinas.	175 (12.2)
¿Crees que la IA llegará a sustituir a los profesionales sanitarios?	
En blanco	3 (0.8)
Sí, para casi todo	3 (0.8)
Sí, en algún área	118 (29.6)
No lo sé.	41 (10.3)
En general no	175 (44)
No, en ningún caso.	58 (14.6)
¿Sabes si existe alguna norma que regule la IA en el sector sanitario?	
En blanco	2 (0.5)
Si	11 (2.8)
Tengo dudas	56 (14.1)
No lo sé	294 (73.9)
No	35 (8.8)
¿Te parece necesario que haya una norma que regule el uso de la IA en el sector sanitario?	
En blanco	1 (0.5)
Si	376 (94.5)
Tengo dudas	18 (5)
No	3 (0.8)
¿En qué aspectos crees necesaria una normativa sobre IA? (puedes señalar más de una)	
En el diagnóstico.	292 (17.2)
En los tratamientos.	290 (17)
En investigación.	285 (16.7)
Para la protección de datos.	298 (17.5)
Para garantizar el consentimiento informado del paciente.	242 (14.2)
Para establecer la responsabilidad de las decisiones.	291 (17.1)
Otros (especificar)	4 (0.2)

Figura 3: Tabla descriptiva de los resultados de la encuesta

Observando los datos de la figura 3, comenzaremos analizando la primera variable que se plantea, es decir, la pregunta de ***"¿Estás familiarizado con el uso de IA aplicada en el sector sanitario?"***. Lo que se obtiene es que el 75.1% de los participantes no está familiarizado con el uso de la IA en el sector sanitario, frente a una minoría, 97 profesionales sanitarios, que corresponden al 24.4% de los encuestados, que si lo están. Como en otras ocasiones tenemos un pequeño porcentaje, que se puede despreciar, que no han contestado a esta pregunta. En este caso es el 0.5%, simplemente 2 encuestados.

Continuando con la siguiente variable, ***"En la actualidad, ¿se utiliza en tu centro alguna herramienta basada en IA?"***, se observa que en este caso las opciones ofrecidas al profesional sanitario eran 3: Sí, No, y No lo sé. Se puede observar que no han respondido todos los participantes a la pregunta, teniendo a 4 participantes que la han dejado en blanco, correspondiente al 1% de la muestra.

Los encuestados que han respondido que "Si" corresponden al 18.6% del total, siendo 74 profesionales sanitarios, mientras que los que han respondido que "No" corresponden al 43%.

La última opción que se les da era "No lo sé", obteniendo un resultado de 149 encuestados que han respondido a esta pregunta, que corresponde a un porcentaje de la muestra del 37.4%.

La siguiente variable para analizar es ***"¿Utilizas en tu trabajo herramientas que tengan integrada IA?"***. En esta pregunta, como ocurre en las anteriores, tenemos dos participantes que la han dejado en blanco, es decir, el 0.5% de la muestra total no ha contestado a esta pregunta.

Se puede observador dos grandes grupos, los que si usan herramientas frente a los que no lo usan o no lo sabe.

Dentro de los que si usan estas herramientas que tienen integrada la IA tenemos que el 18.3% ha contestado que realiza un uso "En ocasiones", que corresponde a un total de 73 participantes de los 398 que han contestado a la pregunta, frente a los 27 que han contestado "Si, habitualmente", que solo son el 6.8% de la muestra total.

Dentro del segundo grupo, vemos que tenemos 130 participantes que han contestado "No lo sé", equivalente a un porcentaje del 32.7% de la muestra y 166 profesionales sanitarios que han respondido "No, en ningún caso", siendo el mayor de los porcentajes de esta respuesta con el 41.7% del total de la muestra.

La siguiente variable por analizar tiene relación con la pregunta anterior, ya que solo se podía contestar si se ha contestado de forma afirmativa la variable anterior, y es la variable ***"En caso afirmativo: ¿Cuándo fue la última vez que uso en su trabajo una herramienta que tuviera integrada IA?"***.

En este caso tenemos que 281 personas de las 398 del total de la muestra han dejado la pregunta sin responder, que corresponde al 70.6% de la muestra.

Del total de la muestra observamos que hay 70 encuestados, que equivale al 17.6%, han respondido "En las 2 últimas semanas", siendo la respuesta con mayor porcentaje si no tenemos en cuenta las respuestas en blanco.

EL porcentaje con menor selección de esta pregunta es el que corresponde con la opción "Hace más de 2 semanas", con un total de 12 encuestados, que corresponde con el 3% de la muestra. Seguido a este, sin apenas mucha diferencia, tenemos la opción "Hace más de 1 mes", que, en este caso, han respondido 14 personas, es decir, el 3.5% de la muestra.

Para finalizar, tenemos la opción de "Hace más de 3 meses", respuesta que ha sido seleccionado por 21 encuestado, y que equivale al 5.3% de la muestra.

Continuamos con la pregunta 6 de la encuesta, ***¿Consideras que en el momento actual la IA mejora la asistencia sanitaria?***, y lo primero que se observa es que en este caso prácticamente todos los participantes han contestado a la pregunta, ya que solo tenemos 1 respuesta en blanco, equivalente a un porcentaje del 0.3%.

En este caso se le ha ofrecido al encuestado tres opciones de respuesta: Si, No y No lo tengo claro.

La opción con mayor número de respuestas ha sido “No lo tengo claro”, con un valor de 202 encuestados, correspondientes al 50.8% de la muestra, mientras que la opción “No” ha sido la de menor cantidad de respuestas, tan solo 16 personas han marcado esta opción, es decir, solo el 4% de la muestra.

Por último, la opción “Si” ha sido considera por 179 profesionales sanitarios, equivalente al 45% de la muestra.

La siguiente variable que podemos ver en la figura 3 es ***“¿Consideras que en el futuro la IA mejorará la asistencia sanitaria?”***. Si observamos los valores de tabla vemos que tenemos un porcentaje del 0.8% de encuestados que han decidido no responder a esta cuestión, que equivale a 3 personas.

Si continuamos analizando los resultados vemos que la respuesta mayoritaria es la opción “Si”, con un valor de 280 profesionales sanitarios que han respondido esta opción, es decir, el 70.4% de la muestra.

En el lado opuesto al anterior, tenemos la opción “No”, que solamente 4 personas la han marcado, siendo así el valor con menor porcentaje, el 1%.

Por último, se les daba la opción de respuesta “No lo tengo claro”, siendo una opción seleccionada por 111 encuestado, que equivale al 27.9% de la muestra.

Ahora se analizará los resultados de la pregunta realiza ***“¿Consideras beneficiosa la IA para tu trabajo?”***. Se observa que en este caso tenemos 5 personas que han dejado la pregunta sin contestar, que corresponde al 1.3% de la muestra.

Como en otras cuestiones se le ha dado al encuestado 3 opciones de respuesta: Si, No y No lo tengo claro. De estas 3 opciones la que ha tenido mayor número de respuestas ha sido la opción “Si”, con 231 respuestas, es decir, un total del 58% de los encuestados.

La siguiente opción en número de respuesta, con un total de 146, es “No lo tengo claro”, con un porcentaje del 36.7% de la muestra.

Para finalizar, tenemos la última opción que se la ha ofrecido al encuestado, "No", con un porcentaje del 4% del total, que corresponde solo a 16 respuestas.

Para continuar se le ha preguntado al encuestado lo siguiente: ***"¿Utilizas alguna herramienta basada en IA en tu día a día fuera de tu trabajo?"***. Como en casos anteriores, esta pregunta no ha sido contestada por todos los encuestados, habiendo 2 personas que han decidido dejarla sin responder. Este número de personas corresponden al 0.5% del total de la muestra.

Si observamos los resultados vemos que en este caos la respuesta mayoría es la opción "No", siendo escogida por 169 encuestados, es decir, el 42.5% de la muestra, mientras que la opción contraria, es decir, "Si", ha sido contestado por 143 personas, equivalente al 35.9% de la muestra, un valor no muy alejado del anterior.

Por último, tenían la opción de escoger la respuesta "No lo tengo claro", y esta opción ha sido seleccionada por 84 personas, que corresponde a un porcentaje del 21.1%.

A continuación, analizaremos los resultados de la pregunta ***"¿Para qué crees que puede ser útil la IA en el futuro? (puedes señalar más de una)"***. En esta pregunta se le da al encuestado 9 opciones, siendo posible seleccionar más de una.

Como se observa en la figura 3, los valores válidos es esta pregunta han sido de 390, es decir, tenemos 8 respuestas vacías en esta variable, que corresponde al 2% del total.

Analizando los datos vemos que en esta pregunta los entrevistados podían señalar más de una opción, por lo que el total de 1726 respuestas no se refiere a la muestra estudiada, sino al número de opciones utilizadas.

De las 390 personas que han respondido, 197 han seleccionado la opción "Para ahorrar costes económicos", aunque han podido marcar otra opción, lo que equivale al 50.5% de la muestra. La opción "Para automatizar labores repetitivas y liberar así al personal sanitario de las mismas" ha sido seleccionada por 262 personas, es decir, el 67.2% de la muestra. La siguiente opción, “Para facilitar así la investigación básica” ha sido seleccionado por 169 de las 390 personas que han respondido, que equivale al 43.3% de la muestra.

La opción que menos ha sido marcada es “Para facilitar el acceso a la sanidad a determinadas personas” con 111 personas, que corresponde al 28.5% de la muestra. En el lado contrario, tenemos la opción “Para facilitar la investigación clínica”, que ha sido la más marcadas de todas, con 276 personas de las 390 que han respondido y esto equivale al 70.8% de la muestra.

La opción “Para hacer diagnostico más certeros” ha sido marcada por 207 veces, equivalente al 53.1% de la muestra, mientras que la opción “Para pautar tratamientos más acertadamente” fue marcada por 150 personas, es decir, el 34.6%.

Para finalizar tenemos las siguientes opciones “Para pautar tratamientos más rápidamente” y “Para hacer diagnósticos más rápidos”, que han sido marcadas por 135 y 219 personas respectivamente, que equivale al 34.6% y 56.2% de la muestra respectivamente.

Continuamos analizando las preguntas de la encuestado, revisando ahora los datos obtenidos en la pregunta ***“¿Qué problemas crees que puede tener el uso de las herramientas de la IA en el sector de la salud? (puedes señalar más de una)”***. En esta pregunta se le dan al encuestado 7 posibles opciones y se le permite marcar más de una.

Como se observa en la figura 3, los valores válidos es esta pregunta han sido de 394, es decir, tenemos 4 respuestas vacías en esta variable, que corresponde a un 1% del total.

Analizando los datos vemos que en esta pregunta los entrevistados podían señalar más de una opción, por lo que el total de 1431 respuestas no se refiere a la muestra estudiada, sino al número de opciones utilizadas.

De las 394 personas que han respondido, 174 han seleccionado la opción “Que se sustituyan los humanos con pérdidas de trabajos", aunque han podido marcar otra opción, lo que equivale al 44.2% de la muestra. Con prácticamente el mismo número de marcados nos encontramos con la opción "Que la formación del personal sanitario empeore porque sus tareas las realizan máquinas" ha sido seleccionada por 175 personas, es decir, el 44.4% de la muestra.

La opción que más ha sido marcada es "Que se deshumanice la medicina porque la apliquen máquinas" con 279 personas, que corresponde al 70.8%% de la muestra. En el lado contrario, tenemos la opción "Que se dañe la confidencialidad de los usuarios", que ha sido la menos marcadas de todas, con 124 personas de las 394 que han respondido y esto equivale al 31.5%% de la muestra.

La opción "Que no se conozca bien de quién es la responsabilidad del acto sanitario porque lo realiza una máquina" ha sido marcada 215 veces, equivalente al 54.6% de la muestra, mientras que la opción "Que falle la tecnología" fue marcada por 247 personas, es decir, el 62.7%. Por último, la opción "Que no puedan acceder a ellas las personas con barreras tecnológicas" fue marcada por 217 personas, es decir, el 55.1% de la muestra.

La siguiente cuestión que vamos a analizar es ***"¿Crees que la IA llegará a sustituir a los profesionales sanitarios?"***. Comenzamos observando que en este caso tenemos 3 personas que no han contestado a la pregunta, equivalente al 0.8% de la muestra.

Si observamos los datos vemos que la opción "En general no" es la más marcada de todas, con un total de 175 encuestados, lo que corresponde a un porcentaje del 44% de la muestra. En el lado opuesto tenemos la opción "Si, para casi todo", que es la opción menos seleccionada, con solo 3 personas, es decir, el 0.8%.

De las tres opciones restantes tenemos que, 41 encuestados han marcado "No lo sé", que corresponde al 10.3%, mientras que 58 han contestado "No, en ningún caso", que equivale a un porcentaje del 14.6%. Por último, la opción "Si, en algún área" ha sido marcada por 118 personas, es decir, el 29.6% del total de la muestra.

Continuamos con la pregunta ***"¿Sabes si existe alguna norma que regule la IA en el sector sanitario?"***. De la muestra total de 398 respuestas, tenemos que 2 encuestados han dejado la pregunta en blanco, que equivale al 0.5%.

La respuesta que ha sido marcado por el menor número de encuestados ha sido la opción "Si", con un porcentaje del 2.8%, que equivale a 11 encuestados. En el lado opuesto, tenemos que el mayor porcentaje marcado, con el 73.9%, es para la opción "No lo sé", que esto equivale a que han marcado esta opción 294 personas.

Las otras dos opciones que quedan, "No" y "Tengo dudas", fueron marcadas por 35 y 56 personas respectivamente, que corresponden a un porcentaje del 8.8% y 14.1% de la muestra respectivamente.

La siguiente cuestión del formulario es ***"¿Sabes si existe alguna norma que regule la IA en el sector sanitario?"***. En este caso solo tenemos 1 encuestado que ha dejado la pregunta sin contestar, es decir, el 0.3% del total de la muestra.

La opción con mayor número de respuestas, y con mucha diferencia, es "Si", que ha sido marcada por 376 personas, es decir, el 94.5% de la muestra.

Las otras dos opciones restantes, que son, "No" y "Tengo dudas", han obtenido 3 y 18 respuestas respectivamente, por lo que tienen un porcentaje en relación a la muestra del 0.8% y 4.5%.

Para finalizar con los datos que tenemos en la figura 3, se le pregunta al encuestado ***"¿En qué aspectos crees necesaria una normativa sobre IA? (puedes señalar más de una)"*** dándole 7 opciones de respuesta, siendo posible contestar más de una.

Como se puede observar, los valores válidos es esta pregunta han sido de 388, es decir, tenemos 10 respuestas vacías en esta variable, que corresponde al 2.5% del total.

Analizando los datos de la figura 24 vemos que en esta pregunta los entrevistados podían señalar más de una opción, por lo que el total de 1702 respuestas no se refiere a la muestra estudiada, sino al número de opciones utilizadas.

De las 388 personas que han respondido, 292 han seleccionado la opción "En el diagnóstico", aunque han podido marcar otra opción, lo que equivale al 75.3% de la muestra. Con prácticamente el mismo número de marcados nos encontramos con las opciones "En los tratamientos", "En investigación" y "Para establecer la responsabilidad de las decisiones", con 290, 285 y 291 respuestas respectivamente, que equivalen a los siguientes porcentajes sobre la muestra 74.4%, 73.5% y 75% respectivamente.

La opción que más ha sido marcada es "Para la protección de datos" con 298 personas, que corresponde al 76.8%% de la muestra. En el lado contrario, tenemos la opción "Para garantizar el consentimiento informado del paciente", que ha sido la menos marcadas de todas, con 242 personas de las 388 que han respondido y esto equivale al 62.4% de la muestra.

Por último, se le dio la opción al encuestado de marcar "Otros" y especificar en qué casos. Esta opción ha sido marcada por 4 profesionales sanitarios, es decir, el 0.2%. Las especificaciones que ha realizado son las siguientes:

- Para una normativa legal.
- Leyes Internacionales para el uso, por ejemplo, de robots que practican cirugía a distancia, para la utilización independiente de los recursos de la persona...
- Ética profesional.
- Fraudes.

Para finalizar con la encuesta se le da la opción al usuario a escribir de forma voluntaria su opinión sobre el tema a tratar en esta encuesta, ***"A continuación, puede expresar libremente alguna opinión en relación con el cuestionario"***. Se han obtenido los siguientes comentarios:

- Es necesario estudiar, revisar, establecer límites a la tecnología, no todo lo técnicamente posible puede ser éticamente aplicable.
- Va a formar parte de nuestra práctica clínica como hoy lo hacen las máquinas nos hacen los hemogramas (Nadie los

hace a mano) o muchas otras tareas hoy automatizadas. El profesional nunca dejará de acompañar y cuidar al enfermo, y la tecnología nos dará más tiempo para esto.

- Es evidente que el trato personal en la relación médico paciente no lo suplirá la IA, y esta relación todos sabemos que es importante en la curación de ciertos pacientes. Tampoco es útil en los procesos quirúrgicos, si bien hay ayudas tipo robots estos no entran dentro de lo que se conoce como pura IA. La IA sirve para desarrollar más rápido la respuesta a los clásicos algoritmos diagnósticos terapéuticos, pero finalmente el tratamiento o el diagnóstico lo refrendará un médico. Es como si en judicatura desparecen los jueces por qué la IA dicta sentencia sobre la culpabilidad o inocencia de un acusado.
- Detesto la IA.
- Me ha hecho ser consciente de mi desconocimiento sobre el tema.
- He asistido a alguna charla en la que han hablado de IA en infecciosas, pero no sé cómo se concreta en otros ámbitos. Si creo en Dermatología y Radiodiagnóstico.
- En Radiodiagnóstico se ha convertido en una herramienta de apoyo, pero no creo que pueda nunca sustituir a los facultativos, tiene muchas limitaciones sin comentar los errores que comete con bastante frecuencia.
- Habrá que formarse en IA.
- Me parece muy interesante la información que se intenta recabar en el cuestionario, sobre todo porque la IA no es un tema que se está abordando con rigurosidad en el ámbito de la asistencia sanitaria.
- Me parecería un gran paso hacia un uso de las tecnologías de manera en la que liberásemos la sobrecarga que existe en el personal sanitario.
- Si se va la luz o Internet no debemos estar perdidos. Debemos saber bien hacer las cosas, apoyarnos en la IA como he-

rramienta de ayuda, las máquinas no tienen emociones y sentimientos, empata con el paciente, no debemos permitir que auto-aprendan y tomen decisiones que al y final puedan eliminar al humano

- Me parece realmente peligroso aplicar la ÍA en muchos aspectos de la vida. Serán muy listos y muy eficaces, pero no dejan de ser MAQUINAS.
- Las especialidades médicas basadas en un alto porcentaje en criterios totalmente racionales y medibles (por ejemplo, radiología, anatomía patológica, hematología...) van a desaparecer. Otras especialidades (las quirúrgicas) van a tener que hacerse valer para no desaparecer totalmente. Los médicos que trabajamos en atención primaria en íntimo contacto con el caos humano no podemos ser reemplazados por la IA (sólo los pacientes con criterio y alto nivel de formación en IA dejarán de venir al médico por chorradas... Pero éstos no son muchos). Los médicos de familia desaparecerán por culpa de los gestores políticos, no por la IA.
- Hay que educarse y abrazar el uso de IA, porque puede facilitar muchas tareas.
- Me parece muy interesante y muy necesario.
- Me parece interesante, aunque me inquieta un futuro que esté gobernado por IA.
- Me asusta un futuro en el que estemos regidos por la IA.
- No se debe perder la idea de que la IA está al servicio de las personas y no dejarse llevar de neomanías ni de la falacia de infalibilidad ni de disminuir el estándar de calidad humana. Gracias.
- En el mundo de la salud, el Razonamiento Clínico como tal proceso que concluye con la "toma de decisiones", aunque le veo un gran potencial a la IA, creo que absolutamente siempre, debería ser supervisada por un profesional sanitario. Las máquinas no sirven para tratar seres humanos con sus emociones porque las máquinas carecen de estas.

- Me parece bien siempre en cuanto no quite trabajo a la persona sanitaria que estamos con el paciente ya que la empatía es muy importante.
- Siento no ser de ayuda, desconozco este campo.
- Se que hay normas, para la IA, Y son generales, no sé, si también específica, con respecto a La Sanidad.!!!
- La IA me da un poquito de miedo, pero creo que va a ayudar en el desarrollo humano en todos los ámbitos.
- No tengo claro lo que es la IA.
- La IA es un campo muy interesante para estudiar y aplicar en medicina SIN OLVIDAR en su aplicación la importancia del cuidado a la persona.
- Las tareas maquinales deben pasar a automatizarse y los humanos pasar a interacciones más humanas. Se perderán puestos de trabajo de los que no se sepan adaptar, pero debería humanizar la medicina, no deshumanizarla.
- Considero que se invierte mucho más tiempo y dinero en la investigación tecnológica que "facilite" el tratamiento, la esperanza y calidad de vida de los pacientes. Sin embargo, se busca terminar con la vida de una persona antes de que nazca o cuando nosotros o en este caso la IA decida que no debe seguir viva, supongo que con algoritmos y estadísticas. En mi humilde opinión se invierte poco tiempo y dinero en el aprendizaje y enseñanza de valores humanos, en crecimiento como personas y en el trato social u personal. Ya que para hacer un buen uso de las herramientas no solo hay que ser buenos y formados profesionales, lo principal es ser buenas personas. Cada vez utilizamos más tecnología que nos alejan de los que son como nosotros y nos relacionamos y dentro de poco nos "curaremos" a través de una pantalla. Pero la realidad es que lo que sí sabemos es que para morir solo hay que estar vivos y nos moriremos con o sin IA.
- Creo que es un tema del que muchos de los médicos conocemos poco.
- Será una herramienta de orientación y de apoyo.

- Ignorancia respecto al futuro y confianza en que será para bien.
- Desconozco en gran medida el uso de la IA en el sector sanitario.
- La IA puede resultar muy útil y puede contribuir a mejorar la vida y la salud de la población, pero debe asegurarse que siempre esté al servicio de los seres humanos respetando todos los aspectos y áreas en las que esté presente y bajo el control de las personas encargadas de implementarla.
- La IA llegará, pero la calidad de los cuidados y la seguridad del paciente está por ver si no sufrirá daños.
- La IA no podrá sustituir la capacidad de sanación de un ser humano por lo que respecta a las emociones, sentimientos, amor, empatía, espiritualidad y otras dimensiones humanas y cuestiones inherentes a la condición del ser humano.
- Creo que podría ser peligro para el factor vínculo terapéutico y para los pacientes con determinadas problemáticas psicológicas, sintomatología obsesiva y psicótica, por la tendencia a la desconexión de la realidad. Pero no tengo conocimientos del tema, así que tendría que formarme para ver lo que sí puede aportar.

2.3. Es una herramienta tan buena que es preocupante para mantener puestos de trabajo,

Debido a la naturaleza del ser humano en el poder, la inteligencia artificial presenta más peligros que beneficios.

Si creo que podría ser de ayuda la IA en este ámbito quizá para minimizar errores, pero en ningún caso creo que pudiera sustituir al personal sanitario. Aunque se consiguiera que realizara lo mismo que nosotros y si quieres hasta con más precisión que el humano desde el otro lado, desde la perspectiva del paciente sería algo impersonal, y nuestra capacidad de reacción, de empatía, de valorar al paciente además de los empíricos no lo puede hacer la inteligencia artificial.

Puede ser una muy buena herramienta que puede potenciar nuestra labor, pero necesita regulación.

Aun no tengo opinión formada sobre la IA puesto que no la he usado.

Creo que a primera instancia será algo positivo pero que con el tiempo se volverá algo muy negativo si no se regulariza con crudeza y seriedad.

Tengo poca información acerca del presente o futuro de la aplicación de la IA en la sanidad, pero, siempre y cuando se utilice de forma responsable, creo que puede ser una herramienta beneficiosa.

Es necesario acoplarse a este tipo de avances.

Es difícil acertar a mejorar el diagnóstico con la IA puesto que muchas de las patologías tienen mucha sintomatología inespecífica que puede abarcar un abanico grande de posibles diagnósticos. Donde creo que puede tener una buena aplicabilidad es en el diagnóstico por imagen en cosas que, ya sea por la resolución de la pantalla o el ojo humano, pueden quedar descubiertas.

Creo que es útil pero no debe sustituir la función del médico, su exploración, su ojo clínico. La medicina y los diagnósticos no son como en los libros, de hecho, es raro muchas veces encontrar un "caso de libro".

2.4. Análisis bivariante de los resultados

En este parte del análisis de los resultados realicemos diferentes estudios agrupando los resultados por las siguientes variables categóricas: edad, profesión, sexo, años de experiencia y lugar de trabajo de los participantes.

Por otro lado, se han agrupados ciertas respuestas con los siguientes criterios:

- Se consideran respuestas negativas, es decir, se agrupan en "No":
  - No
  - No lo se
  - No lo tengo claro
  - Tengo dudas
  - En general no
- Se consideran respuestas positivas, es decir, se agrupan en "Si":
  - Si
  - En ocasiones
  - Si, habitualmente
  - Si, en ocasiones

2.4.1. Análisis por sexo

A continuación, se muestra la tabla con los resultados de la encuesta agrupados por el sexo y el coeficiente de Pearson de cada una de ellas.

PREGUNTAS	Varón N (%)	Mujer N (%)	Total	p
¿Estás familiarizado con el uso de IA aplicada en el sector sanitario?				
Si	41 (42.7)	55 (57.3)	96	0.058
No	95 (32.1)	201 (67.9)	296	
En la actualidad: ¿se utiliza en tu centro alguna herramienta basada en IA?				
Si	27 (37)	46 (63)	73	0.637
No	108 (34.1)	209 (65.9)	317	
¿Utilizas en tu trabajo herramientas que tengan integrada IA?				
Si	41 (41.4)	58 (58.6)	99	0.104
No	95 (32.4)	198 (67.6)	293	

En caso afirmativo: ¿Cuándo fue la última vez que uso en su trabajo una herramienta que tuviera integrada IA?				
En las 2 últimas semanas.	29 (42.6)	39 (57.4)	68	0.836
Hace más de 2 semanas.	4 (33.3)	8 (66.7)	12	
Hace más de 1 mes	6 (42.9)	8 (57.1)	14	
Hace más de 3 meses.	7 (33.3)	14 (66.7)	21	
¿Consideras que en el momento actual la IA mejora la asistencia sanitaria?				
Si	65 (36.5)	113 (63.5)	178	0.531
No	72 (33.5)	143 (66.5)	215	
¿Consideras que en el futuro la IA mejorará la asistencia sanitaria				
Si	103 (36.9)	176 (63.1)	279	0.162
No	33 (29.5)	79 (70.5)	112	
¿Consideras beneficiosa la IA para tu trabajo?				
Si	87 (37.8)	143 (62.2)	230	0.154
No	49 (30.8)	110 (43.5)	159	
¿Utilizas alguna herramienta basada en IA en tu día a día fuera de tu trabajo?				
Si	56 (39.7)	85 (60.3)	141	0.138
No	81 (32.3)	170 (67.7)	251	
¿Para qué crees que puede ser útil la IA en el futuro? (puedes señalar más de una)				
Para hacer diagnósticos más rápidos.	83 (38.1)	135 (61.9)	218	0.400
Para hacer diagnósticos más certeros	78 (38)	127 (62)	205	

Para pautar tratamientos más rápidamente	59 (44)	75 (56)	134	0.400
Para pautar tratamientos más acertadamente.	67 (45)	82 (55)	149	
Para ahorrar costes económicos.	89 (45.2)	108 (54.8)	197	
Para facilitar el acceso a la sanidad a determinadas personas.	44 (39.6)	67 (60.4)	111	
Para facilitar la investigación clínica.	99 (36.3)	174 (63.7)	273	
Para facilitar así la investigación básica.	67 (40.4)	99 (59.6)	166	
Para automatizar labores repetitivas y liberar así al personal sanitario de las mismas.	94 (36.3)	165 (63.7)	259	
¿Qué problemas crees que puede tener el uso de las herramientas de la IA en el sector de la salud? (puedes señalar más de una)				
Que se sustituyan a los humanos, con pérdidas de trabajos.	56 (32.7)	115 (67.3)	171	0.745
Que se deshumanice la medicina, porque la apliquen máquinas.	81 (29.3)	195 (70.7)	276	
Que no se conozca bien de quién es la responsabilidad del acto sanitario, porque lo realiza una máquina.	73 (34.4)	139 (65.6)	212	
Que falle la tecnología	82 (33.6)	162 (66.4)	244	
Que no puedan acceder a ella las personas con barreras tecnológicas.	74 (34.4)	141 (65.6)	215	
Que se dañe la confidencialidad de los usuarios.	38 (31.3)	84 (68.9)	122	
Que la formación del personal sanitario empeore, porque sus tareas las realizan máquinas.	49 (28.3)	124 (71.7)	173	
¿Crees que la IA llegará a sustituir a los profesionales sanitarios?				
Si	58 (47.5)	64 (52.5)	122	< 0.001
No	79 (29.2)	192 (70.8)	271	

¿Sabes si existe alguna norma que regule la IA en el sector sanitario?				
Si	5 (45.5)	6 (54.4)	11	0.455
No	132 (34.6)	250 (65.4)	382	
¿Te parece necesario que haya una norma que regule el uso de la IA en el sector sanitario?				
Si	125 (33.5)	248 (66.5)	373	0.015
No	12 (60)	8 (40)	20	
¿En qué aspectos crees necesaria una normativa sobre IA? (puedes señalar más de una)				
En el diagnóstico.	98 (33.8)	192 (66.2)	290	0.886
En los tratamientos.	99 (34.4)	189 (65.6)	288	
En investigación.	97 (34.4)	185 (65.6)	282	
Para la protección de datos.	102 (34.5)	194 (65.5)	296	
Para garantizar el consentimiento informado del paciente.	89 (37.1)	151 (62.9)	240	
Para establecer la responsabilidad de las decisiones.	101 (34.9)	188 (65.1)	289	
Otros (especificar)	0 (0)	3 (100)	3	

Figura 4: Resultado de la encuesta según el sexo de los participantes

Como se puede observar en la tabla solo existes dos variables que sean estadísticamente significativas en función del sexo, ya que son las únicas que cumplen que $p \leq 0.05$. Estas variables son "¿Crees que la IA llegará a sustituir a los profesionales sanitarios?" y "¿Te parece necesario que haya una norma que regule el uso de la IA en el sector sanitario?"

En relación a la primera de ellas, "¿Crees que la IA llegará a sustituir a los profesionales sanitarios?", tenemos, que 122 profesionales consideraban que la IA llegara a sustituir a los profesionales sanitarios, y como podemos ver en la figura 4, 58 (47.5%) son varón y 64 (52.5%) son mujeres, frente a los 271, 79 (29.2%) de varón y 192 (70.8%) mujeres, que consideran que la IA no sustituirá a los profesionales sanitarios.

Si ahora analizamos los datos de la variable ¿Te parece necesario que haya una norma que regule el uso de la IA en el sector sanitario?", tenemos que, de las 373 personas que consideran que es necesario una norma que regule la IA en el sector sanitario, 125 (33.5%) son varones y 248 (66.5%) son mujeres. De las 20 personas que no consideran que sea necesario una norma que regule la IA, 12 (60%) son varones y 8 (40%) son mujeres.

2.4.2. Análisis por grupos de edad

A continuación, se muestra la tabla con los resultados de la encuesta agrupados por el grupo de edad y el coeficiente de Pearson de cada una de ellas.

PREGUNTAS	< 35 N (%)	35–44 N (%)	> 45 N (%)	Total	p
¿Estás familiarizado con el uso de IA aplicada en el sector sanitario?					
Si	24 (25)	24 (25)	48 (50)	76	0.030
No	98 (32.9)	96 (32.2)	104 (34.9)	298	
En la actualidad: ¿se utiliza en tu centro alguna herramienta basada en IA?					
Si	23 (31.1)	19 (25.7)	32 (43.2)	74	0.552
No	99 (31.1)	100 (31.4)	119 (37.4)	318	
¿Utilizas en tu trabajo herramientas que tengan integrada IA?					
Si	25 (25)	31 (31)	44 (44)	100	0.263
No	97 (33)	90 (30.6)	107 (36.4)	294	

En caso afirmativo: ¿Cuándo fue la última vez que uso en su trabajo una herramienta que tuviera integrada IA?					
En las 2 últimas semanas.	16 (22.9)	25 (35.7)	29 (41.4)	70	0.119
Hace más de 2 semanas.	6 (50)	3 (25)	3 (25)	12	
Hace más de 1 mes	5 (35.7)	1 (7.1)	8 (57.1)	14	
Hace más de 3 meses.	3 (15)	9 (45)	8 (40)	20	
¿Consideras que en el momento actual la IA mejora la asistencia sanitaria?					
Si	50 (28.1)	57 (32)	71 (39.9)	178	0.551
No	72 (33.2)	64 (29.5)	81 (37.3)	217	
¿Consideras que en el futuro la IA mejorará la asistencia sanitaria					
Si	87 (31.2)	82 (29.4)	110 (39.4)	279	0.820
No	35 (30.7)	37 (32.5)	42 (36.8)	114	
¿Consideras beneficiosa la IA para tu trabajo?					
Si	69 (30)	72 (31.3)	89 (38.7)	230	0.860
No	52 (32.3)	47 (29.2)	62 (38.5)	161	
¿Utilizas alguna herramienta basada en IA en tu día a día fuera de tu trabajo?					
Si	47 (33.1)	45 (31.7)	50 (35.2)	142	0.580
No	75 (29.8)	75 (29.8)	102 (40.5)	252	
¿Para qué crees que puede ser útil la IA en el futuro? (puedes señalar más de una)					
Para hacer diagnósticos más rápidos.	71 (32.4)	65 (29.7)	83 (37.9)	219	0.998
Para hacer diagnósticos más certeros	60 (29.1)	65 (31.6)	81 (39.3)	206	

Para pautar tratamientos más rápidamente	39 (28.9)	43 (31.9)	53 (39.3)	135	0.998
Para pautar tratamientos más acertadamente.	42 (28.4)	42 (28.4)	64 (43.2)	148	
Para ahorrar costes económicos.	65 (33.2)	61 (31.1)	70 (35.7)	196	
Para facilitar el acceso a la sanidad a determinadas personas.	35 (31.5)	35 (31.5)	41 (36.9)	111	
Para facilitar la investigación clínica.	81 (29.5)	85 (30.9)	109 (39.6)	275	
Para facilitar así la investigación básica.	50 (29.6)	54 (32)	65 (38.5)	169	
Para automatizar labores repetitivas y liberar así al personal sanitario de las mismas.	87 (33.2)	75 (28.6)	100 (38.2)	262	
¿Qué problemas crees que puede tener el uso de las herramientas de la IA en el sector de la salud? (puedes señalar más de una)					
Que se sustituyan a los humanos, con pérdidas de trabajos.	55 (31.6)	50 (28.7)	69 (39.7)	174	0.966
Que se deshumanice la medicina, porque la apliquen máquinas.	88 (31.5)	88 (31.5)	103 (12.5)	279	
Que no se conozca bien de quién es la responsabilidad del acto sanitario, porque lo realiza una máquina.	73 (34)	62 (28.8)	80 (37.2)	215	
Que falle la tecnología	82 (33.5)	79 (32.3)	84 (34.3)	245	
Que no puedan acceder a ella las personas con barreras tecnológicas.	74 (34.1)	66 (30.4)	77 (35.5)	217	
Que se dañe la confidencialidad de los usuarios.	40 (32.3)	43 (34.7)	41 (33.1)	124	
Que la formación del personal sanitario empeore, porque sus tareas las realizan máquinas.	66 (37.7)	51 (29.1)	58 (33.1)	175	
¿Crees que la IA llegará a sustituir a los profesionales sanitarios?					
Si	32 (26.2)	32 (26.2)	58 (47.5)	122	0.049
No	90 (33.1)	88 (32.4)	94 (34.6)	272	

¿Sabes si existe alguna norma que regule la IA en el sector sanitario?					
Si	2 (18.2)	2 (18.2)	7 (63.6)	11	0.223
No	120 (31.3)	118 (30.8)	145 (37.9)	383	
¿Te parece necesario que haya una norma que regule el uso de la IA en el sector sanitario?					
Si	114 (30.4)	111 (29.6)	150 (40)	375	0.023
No	8 (40)	10 (50)	2 (10)	20	
¿En qué aspectos crees necesaria una normativa sobre IA? (puedes señalar más de una)					
En el diagnóstico.	91 (31.2)	93 (31.8)	108 (37)	292	0.963
En los tratamientos.	90 (31)	89 (30.7)	111 (38.3)	290	
En investigación.	90 (31.8)	91 (32.3)	102 (36)	283	
Para la protección de datos.	97 (32.7)	88 (29.6)	112 (37.7)	297	
Para garantizar el consentimiento informado del paciente.	81 (33.5)	76 (31.4)	85 (35.1)	242	
Para establecer la responsabilidad de las decisiones.	90 (31)	85 (29.3)	115 (39.7)	290	
Otros (especificar)	0 (0)	1 (25)	3 (75)	4	

Figura 5: Resultado de la encuesta según la edad de los participantes

Como se puede observar en la tabla solo existes tres variables que sean estadísticamente significativas en función del grupo de edad, ya que son las únicas que cumplen que $p \leq 0.05$. Estas variables son ¿Estás familiarizado con el uso de IA aplicada en el sector sanitario?", ¿Crees que la IA llegará a sustituir a los profesionales sanitarios?" y "¿Te parece necesario que haya una norma que regule el uso de la IA en el sector sanitario?".

En cuanto a la primera variable, "¿Estás familiarizado con el uso de IA aplicada en el sector sanitario?", como se muestra en la figura 5, tenemos que 96 si están familiarizadas con el uso de IA en el sector sanitario, y que 298 no lo están. De las 96 personas que si lo están tenemos que 48 (50%) corresponden al grupo de edad de 45 o más, 24 (24%) al grupo de edad de 35-44 y 24 (25%) al grupo de edad menores de 35. Y de las 298 personas que no lo están, 104 (34.9%) son mayores de 45, 96 (32.2%) están el grupo de 35-44 y 98 (32.9%) son menores de 35.

Continuando con la variable ¿Crees que la IA llegará a sustituir a los profesionales sanitarios?", tenemos que 122 consideran que la IA sustituirá a los profesionales sanitarios, y que 272 consideran que no. De los 122 profesionales sanitarios que consideran que si los sustituirá tenemos que 58 (47.5%) corresponden al grupo de edad de 45 o más, 32 (26.2%) al grupo de edad de 35-44 y 32 (26.2%) al grupo de edad menores de 35. Y de las 272 personas que no lo consideran, 94 (34.6%) son mayores de 45, 88 (32.4%) están el grupo de 35-44 y 90 (33%) son menores de 35.

Por último, tenemos la variable "¿Te parece necesario que haya una norma que regule el uso de la IA en el sector sanitario?". De esta variable podemos observar que tenemos que 375 consideran que es necesario que exista una norma que regule la IA en el sector sanitario, y que 20 consideran que no. De los 375 profesionales sanitarios que consideran que si es necesario tenemos que 150 (40%) corresponden al grupo de edad de 45 o más, 111 (29.6%) al grupo de edad de 35-44 y 114 (30.4%) al grupo de edad menores de 35. Y de las 20 personas que no lo consideran, 2 (10%) son mayores de 45, 10 (50%) están el grupo de 35-44 y 8 (40%) son menores de 35.

2.4.3. Análisis por años de experiencia

A continuación, se muestra la tabla con los resultados de la encuesta agrupados por los años de experiencia y el coeficiente de Pearson de cada una de ellas.

PREGUNTAS	< 10 N (%)	10–19 N (%)	> 19 N (%)	To-tal	p
¿Estás familiarizado con el uso de IA aplicada en el sector sanitario?					
Si	26 (27.7)	21 (22.3)	47 (50)	94	0.027
No	90 (30.4)	101 (34.1)	105 (35.5)	296	
En la actualidad: ¿se utiliza en tu centro alguna herramienta basada en IA?					
Si	24 (33.3)	19 (26.4)	29 (40.3)	72	0.593
No	92 (29.1)	102 (32.3)	122 (38.6)	316	
¿Utilizas en tu trabajo herramientas que tengan integrada IA?					
Si	26 (26.8)	28 (28.9)	43 (44.3)	97	0.457
No	90 (30.7)	94 (32.1)	109 (37.2)	293	
En caso afirmativo: ¿Cuándo fue la última vez que uso en su trabajo una herramienta que tuviera integrada IA?					
En las 2 últimas semanas.	17 (25.4)	20 (29.9)	30 (44.8)	67	0.547
Hace más de 2 semanas.	6 (50)	3 (25)	3 (25)	12	
Hace más de 1 mes	3 (21.4)	3 (21.4)	8 (57.1)	14	
Hace más de 3 meses.	6 (30)	7 (35)	7 (35)	20	
¿Consideras que en el momento actual la IA mejora la asistencia sanitaria?					
Si	53 (30.1)	55 (31.3)	68 (38.6)	176	0.985
No	63 (29.3)	68 (31.6)	84 (39.1)	215	
¿Consideras que en el futuro la IA mejorará la asistencia sanitaria?					
Si	84 (30.4)	81 (29.3)	111 (40.2)	276	0.501
No	32 (28.3)	40 (35.4)	41 (36.3)	113	

¿Consideras beneficiosa la IA para tu trabajo?					
Si	67 (29.4)	69 (30.3)	92 (40.4)	228	0.798
No	48 (30.2)	52 (32.7)	59 (37.1)	159	
¿Utilizas alguna herramienta basada en IA en tu día a día fuera de tu trabajo?					
Si	44 (31)	43 (30.3)	55 (38.7)	142	0.909
No	72 (29)	79 (31.9)	97 (39.1)	247	
¿Para qué crees que puede ser útil la IA en el futuro? (puedes señalar más de una)					
Para hacer diagnósticos más rápidos.	69 (31.9)	62 (28.7)	85 (39.4)	216	0.995
Para hacer diagnósticos más certeros	54 (26.5)	66 (32.4)	84 (41.2)	204	
Para pautar tratamientos más rápidamente	39 (29.8)	42 (32.1)	50 (38.2)	131	
Para pautar tratamientos más acertadamente.	42 (28.6)	43 (29.3)	62 (42.2)	147	
Para ahorrar costes económicos.	60 (30.9)	65 (33.5)	69 (35.6)	194	
Para facilitar el acceso a la sanidad a determinadas personas.	34 (31.5)	34 (31.5)	40 (37)	108	
Para facilitar la investigación clínica.	75 (27.4)	89 (32.5)	110 (40.1)	274	
Para facilitar así la investigación básica.	49 (29.5)	53 (31.9)	64 (38.6)	166	
Para automatizar labores repetitivas y liberar así al personal sanitario de las mismas.	83 (31.9)	77 (29.6)	100 (38.5)	260	
¿Qué problemas crees que puede tener el uso de las herramientas de la IA en el sector de la salud? (puedes señalar más de una)					
Que se sustituyan a los humanos, con pérdidas de trabajos.	54 (31.6)	53 (31)	64 (37.4)	171	0.998
Que se deshumanice la medicina, porque la apliquen máquinas.	83 (30)	90 (32.5)	104 (37.5)	277	

Que no se conozca bien de quién es la responsabilidad del acto sanitario, porque lo realiza una máquina.	63 (29.6)	68 (31.9)	82 (38.5)	213	
Que falle la tecnología	75 (30.9)	76 (31.3)	92 (37.9)	243	
Que no puedan acceder a ella las personas con barreras tecnológicas.	72 (33.5)	63 (29.3)	80 (37.2)	215	0.998
Que se dañe la confidencialidad de los usuarios.	39 (32)	40 (32.8)	43 (35.2)	122	
Que la formación del personal sanitario empeore, porque sus tareas las realizan máquinas.	58 (33.9)	56 (32.7)	57 (33.3)	171	
¿Crees que la IA llegará a sustituir a los profesionales sanitarios?					
Si	31 (26.1)	31 (26.1)	57 (47.9)	119	0.0555
No	85 (31.4)	91 (33.6)	95 (35.1)	271	
¿Sabes si existe alguna norma que regule la IA en el sector sanitario?					
Si	3 (27.3)	2 (18.2)	6 (54.5)	11	0.510
No	113 (29.8)	120 (31.7)	146 (38.5)	379	
¿Te parece necesario que haya una norma que regule el uso de la IA en el sector sanitario?					
Si	108 (29.1)	116 (31.3)	147 (39.6)	371	0.389
No	8 (40)	7 (35)	5 (25)	20	
¿En qué aspectos crees necesaria una normativa sobre IA? (puedes señalar más de una)					
En el diagnóstico.	83 (28.8)	97 (33.7)	108 (37.5)	288	
En los tratamientos.	84 (29.4)	90 (31.5)	112 (39.2)	286	0.958
En investigación.	85 (30.4)	93 (33.2)	102 (36.4)	280	

Para la protección de datos.	90 (30.6)	92 (31.3)	112 (38.1)	294	0.958
Para garantizar el consentimiento informado del paciente.	74 (31.2)	76 (32.1)	87 (36.7)	237	
Para establecer la responsabilidad de las decisiones.	82 (28.6)	87 (30.3)	118 (41.1)	287	
Otros (especificar)	0 (0)	1 (25)	3 (75)	4	

Figura 6: Resultado de la encuesta según los años de experiencia de los participantes

Como se puede observar en la tabla solo existes una variable que sean estadísticamente significativas en función de los años de experiencia de los participantes, ya que es las únicas que cumplen que $p \leq 0.05$. Esta variable es ¿Estás familiarizado con el uso de IA aplicada en el sector sanitario?".

Observando los datos de esta variable podemos ver que tenemos 94 profesionales sanitarios que si están familiarizadas con el uso de IA en el sector sanitario, y que 296 no lo están. De los 96 profesionales sanitarios que si lo están tenemos que 47 (50%) corresponden al grupo que tiene más de 20 años de experiencia, 21 (22.3%) al grupo que tiene entre 10 y 19 años de experiencia y 26 (27.7%) al grupo de menos de 10 años de experiencia. Y de las 296 personas que no lo están, 105 (35.5%) corresponde al grupo que tiene más de 10 años de experiencia, 101 (34.1%) al grupo que tiene entre 10 y 19 años de experiencia y 90 (30.4%) al grupo que tiene menos de 10 años de experiencia.

2.4.4. Análisis por lugar de trabajo

A continuación, se muestra la tabla con los resultados de la encuesta agrupados por lugar de trabajo y el coeficiente de Pearson de cada una de ellas.

PREGUNTAS	Hospital N (%)	Atención primaria N (%)	Centro de especialidades N (%)	Universidad N (%)	Otros N (%)	Total	p
¿Estás familiarizado con el uso de IA aplicada en el sector sanitario?							
Si	67 (51.9)	12 (9.3)	12 (9.3)	19 (14.7)	19 (14.7)	129	0.053
No	186 (54.5)	41 (12)	32 (9.4)	21 (6.2)	61 (17.9)	341	
En la actualidad: ¿se utiliza en tu centro alguna herramienta basada en IA?							
Si	45 (49.5)	10 (11)	8 (8.8)	12 (13.2)	16 (17.6)	91	0.451
No	207 (55.1)	43 (11.4)	36 (9.6)	27 (7.2)	63 (16.8)	376	
¿Utilizas en tu trabajo herramientas que tengan integrada IA?							
Si	63 (50.4)	16 (12.8)	11 (8.8)	16 (12.8)	19 (15.2)	125	0.309
No	190 (55.1)	37 (10.7)	33 (9.6)	24 (7)	61 (17.7)	345	
En caso afirmativo: ¿Cuándo fue la última vez que uso en su trabajo una herramienta que tuviera integrada IA?							
En las 2 últimas semanas.	43 (51.8)	11 (13.3)	8 (9.6)	7 (8.4)	14 (16.9)	83	0.488
Hace más de 2 semanas.	10 (55.6)	3 (16.7)	0 (0)	3 (16.7)	2 (11.1)	18	
Hace más de 1 mes	9 (50)	1 (5.6)	1 (5.6)	5 (27.8)	2 (11.1)	18	
Hace más de 3 meses.	15 (57.7)	1 (3.8)	2 (7.7)	2 (7.7)	6 (23.1)	26	
¿Consideras que en el momento actual la IA mejora la asistencia sanitaria?							
Si	116 (54)	23 (10.7)	24 (11.2)	19 (8.8)	33 (15.3)	215	0.701
No	138 (53.9)	30 (11.7)	20 (7.8)	21 (8.2)	47 (18.4)	256	

¿Consideras que en el futuro la IA mejorará la asistencia sanitaria							
Si	174 (52.6)	37 (11.2)	36 (10.9)	30 (9.1)	54 (16.3)	331	0.430
No	79 (57.2)	15 (10.9)	8 (5.8)	10 (7.2)	26 (18.8)	138	
¿Consideras beneficiosa la IA para tu trabajo?							
Si	162 (58.1)	26 (9.3)	30 (10.8)	21 (7.5)	40 (14.3)	279	0.113
No	92 (49.2)	25 (13.4)	14 (7.5)	19 (10.2)	37 (19.8)	187	
¿Utilizas alguna herramienta basada en IA en tu día a día fuera de tu trabajo?							
Si	92 (47.9)	23 (12)	21 (10.9)	22 (11.5)	34 (17.7)	192	0.149
No	162 (58.3)	29 (10.4)	23 (8.3)	18 (6.5)	46 (16.5)	278	
¿Para qué crees que puede ser útil la IA en el futuro? (puedes señalar más de una)							
Para hacer diagnósticos más rápidos.	141 (54.5)	22 (8.5)	21 (8.1)	21 (8.1)	54 (20.8)	259	0.995
Para hacer diagnósticos más certeros	125 (51.9)	28 (11.6)	22 (9.1)	23 (9.5)	43 (17.8)	241	
Para pautar tratamientos más rápidamente	85 (53.8)	12 (7.6)	14 (8.9)	13 (8.2)	34 (21.5)	158	
Para pautar tratamientos más acertadamente.	93 (51.7)	21 (11.7)	18 (10)	16 (8.9)	32 (17.8)	180	
Para ahorrar costes económicos.	126 (52.7)	23 (9.6)	19 (7.9)	25 (10.5)	46 (19.2)	239	
Para facilitar el acceso a la sanidad a determinadas personas.	69 (51.1)	16 (11.9)	15 (11.1)	12 (8.9)	23 (17)	135	
Para facilitar la investigación clínica.	171 (49.7)	45 (13.1)	35 (10.2)	34 (9.9)	59 (17.2)	344	
Para facilitar así la investigación básica.	109 (50.5)	24 (11.1)	18 (8.3)	25 (11.6)	40 (18.5)	216	
Para automatizar labores repetitivas y liberar así al personal sanitario de las mismas.	172 (54.6)	32 (10.2)	31 (9.8)	27 (8.6)	53 (16.8)	315	

¿Qué problemas crees que puede tener el uso de las herramientas de la IA en el sector de la salud? (puedes señalar más de una)							
Que se sustituyan a los humanos, con pérdidas de trabajos.	107 (50.7)	23 (10.9)	18 (8.5)	16 (7.6)	47 (22.3)	211	0.989
Que se deshumanice la medicina, porque la apliquen máquinas.	183 (53.2)	42 (12.2)	30 (8.7)	30 (8.7)	59 (17.2)	344	
Que no se conozca bien de quién es la responsabilidad del acto sanitario, porque lo realiza una máquina.	142 (53.8)	33 (12.5)	23 (8.7)	26 (9.8)	40 (15.2)	264	
Que falle la tecnología	162 (53.5)	35 (11.6)	23 (7.6)	29 (9.6)	54 (17.8)	303	
Que no puedan acceder a ella las personas con barreras tecnológicas.	138 (53.1)	37 (14.2)	20 (7.7)	23 (8.8)	42 (16.2)	260	
Que se dañe la confidencialidad de los usuarios.	82 (53.6)	22 (14.4)	11 (7.2)	12 (7.8)	26 (17)	153	
Que la formación del personal sanitario empeore, porque sus tareas las realizan máquinas.	119 (53.8)	23 (10.4)	24 (10.9)	21 (9.5)	34 (15.4)	221	
¿Crees que la IA llegará a sustituir a los profesionales sanitarios?							
Si	76 (53.5)	17 (12)	12 (8.5)	11 (7.7)	26 (18.3)	142	0.962
No	177 (54)	36 (11)	32 (9.8)	29 (8.8)	54 (16.5)	328	
¿Sabes si existe alguna norma que regule la IA en el sector sanitario?							
Si	6 (40)	2 (13.3)	2 (13.3)	1 (6.7)	4 (26.7)	15	0.776
No	247 (55.5)	51 (11.5)	42 (9.4)	29 (6.5)	76 (17.1)	445	

¿Te parece necesario que haya una norma que regule el uso de la IA en el sector sanitario?							
Si	239 (53.5)	52 (11.6)	42 (9.4)	38 (8.5)	76 (17)	447	0.826
No	15 (62.5)	1 (4.2)	2 (8.3)	2 (8.3)	4 (16.7)	24	
¿En qué aspectos crees necesaria una normativa sobre IA? (puedes señalar más de una)							
En el diagnóstico.	188 (54.5)	37 (10.7)	32 (9.3)	33 (9.6)	55 (15.9)	345	0.812
En los tratamientos.	182 (52.4)	39 (11.2)	33 (9.5)	34 (9.8)	59 (17)	347	
En investigación.	178 (52.7)	40 (11.8)	34 (10.1)	32 (9.5)	54 (16)	338	
Para la protección de datos.	196 (55.2)	39 (11)	31 (8.7)	31 (8.7)	58 (16.3)	355	
Para garantizar el consentimiento informado del paciente.	154 (53.7)	35 (12.2)	30 (10.5)	23 (8)	45 (15.7)	287	
Para establecer la responsabilidad de las decisiones.	190 (54.6)	42 (12.1)	32 (9.2)	32 (9.2)	52 (14.9)	348	
Otros (especificar)	2 (22.2)	1 (11.1)	1 (11.1)	1 (11.1)	4 (44.4)	9	

Figura 7: Resultado de la encuesta según el lugar de trabajo de los participantes

Como se puede observar en la figura 8 no existe ninguna variable que sea estadísticamente significativas en función del lugar de trabajo de los participantes, ya que en ningún caso se cumplen que $p \leq 0.05$.

2.4.5. Análisis por profesión

A continuación, se muestra la tabla con los resultados de la encuesta agrupados por profesión y el coeficiente de Pearson de cada una de ellas.

PREGUNTAS	Médico/a N (%)	Enfermero/a N (%)	Psicólogo/a N (%)	Fisioterapeuta N (%)	Otros N (%)	Otros	p
¿Estás familiarizado con el uso de IA aplicada en el sector sanitario?							
Si	54 (56.3)	13 (13.5)	1 (1.1)	13 (13.5)	15 (15.6)	96	0.054
No	156 (52.7)	55 (18.6)	20 (6.8)	40 (13.5)	25 (8.5)	296	
En la actualidad: ¿se utiliza en tu centro alguna herramienta basada en IA?							
Si	40 (55.6)	15 (20.8)	0 (0)	6 (8.3)	11 (15.3)	72	0.056
No	170 (53.3)	53 (16.6)	21 (6.6)	46 (14.4)	29 (9.1)	319	
¿Utilizas en tu trabajo herramientas que tengan integrada IA?							
Si	57 (58.2)	14 (14.3)	1 (1)	14 (14.3)	12 (12.2)	98	0.056
No	153 (52)	54 (18.4)	20 (6.8)	39 (13.3)	28 (9.5)	294	
En caso afirmativo: ¿Cuándo fue la última vez que uso en su trabajo una herramienta que tuviera integrada IA?							
En las 2 últimas semanas.	40 (58)	11 (15.9)	0 (0)	10 (14.5)	8 (11.6)	69	0.249
Hace más de 2 semanas.	9 (75.1)	1 (8.3)	0 (0)	1 (8.3)	1 (8.3)	12	
Hace más de 1 mes	7 (50)	4 (28.6)	0 (0)	2 (14.3)	1 (7.1)	14	
Hace más de 3 meses.	8 (40)	3 (15)	2 (10)	3 (15)	4 (20)	20	
¿Consideras que en el momento actual la IA mejora la asistencia sanitaria?							
Si	94 (53.4)	29 (16.4)	7 (4)	23 (13.1)	23 (13.1)	176	0.493
No	116 (53.5)	39 (18)	14 (6.4)	30 (13.8)	18 (8.3)	217	

¿Consideras que en el futuro la IA mejorará la asistencia sanitaria							
Si	146 (52.9)	44 (15.9)	15 (5.4)	35 (12.7)	36 (13.1)	276	0.110
No	62 (53.9)	24 (20.9)	6 (5.2)	18 (15.7)	5 (4.3)	115	
¿Consideras beneficiosa la IA para tu trabajo?							
Si	129 (56.6)	40 (17.5)	9 (3.9)	27 (11.8)	23 (10.2)	228	0.389
No	79 (49.1)	28 (17.4)	12 (7.5)	25 (15.5)	17 (10.5)	161	
¿Utilizas alguna herramienta basada en IA en tu día a día fuera de tu trabajo?							
Si	76 (53.9)	23 (16.3)	5 (3.5)	22 (15.6)	15 (10.7)	141	0.697
No	133 (53)	45 (17.9)	16 (6.4)	31 (12.4)	26 (10.3)	251	
¿Para qué crees que puede ser útil la IA en el futuro? (puedes señalar más de una)							
Para hacer diagnósticos más rápidos.	108 (50)	43 (19.9)	10 (4.6)	27 (12.5)	28 (13)	216	0.794
Para hacer diagnósticos más certeros	106 (51.7)	37 (18)	10 (4.9)	29 (14.2)	23 (11.2)	205	
Para pautar tratamientos más rápidamente	75 (56)	24 (17.9)	7 (5.2)	17 (12.7)	11 (8.2)	134	
Para pautar tratamientos más acertadamente.	87 (58.8)	22 (14.9)	8 (5.4)	18 (12.2)	13 (8.7)	148	
Para ahorrar costes económicos.	107 (55.2)	28 (14.4)	10 (5.2)	26 (13.4)	23 (11.8)	194	
Para facilitar el acceso a la sanidad a determinadas personas.	61 (55.5)	14 (12.7)	11 (10)	19 (17.3)	5 (4.5)	110	
Para facilitar la investigación clínica.	146 (53.5)	47 (17.2)	17 (6.2)	36 (13.2)	27 (9.9)	273	
Para facilitar así la investigación básica.	92 (55.1)	31 (18.6)	10 (6)	21 (12.6)	13 (7.7)	167	
Para automatizar labores repetitivas y liberar así al personal sanitario de las mismas.	156 (60.2)	32 (12.4)	17 (6.6)	33 (12.7)	21 (8.1)	259	

¿Qué problemas crees que puede tener el uso de las herramientas de la IA en el sector de la salud? (puedes señalar más de una)							
Que se sustituyan a los humanos, con pérdidas de trabajos.	85 (50)	30 (17.7)	15 (8.8)	25 (14.7)	15 (8.8)	170	0.979
Que se deshumanice la medicina, porque la apliquen máquinas.	144 (51.8)	59 (21.2)	17 (6.1)	35 (12.6)	23 (8.3)	278	
Que no se conozca bien de quién es la responsabilidad del acto sanitario, porque lo realiza una máquina.	124 (57.9)	32 (15)	10 (4.7)	29 (13.6)	19 (8.8)	214	
Que falle la tecnología	136 (55.5)	43 (17.6)	13 (5.3)	30 (12.2)	23 (9.4)	245	
Que no puedan acceder a ella las personas con barreras tecnológicas.	116 (53.7)	39 (18.1)	16 (7.4)	28 (13)	17 (7.8)	216	
Que se dañe la confidencialidad de los usuarios.	68 (55.7)	19 (15.6)	7 (5.7)	15 (12.3)	13 (10.7)	122	
Que la formación del personal sanitario empeore, porque sus tareas las realizan máquinas.	97 (55.7)	32 (18.4)	6 (3.5)	23 (13.2)	16 (9.2)	174	
¿Crees que la IA llegará a sustituir a los profesionales sanitarios?							
Si	73 (60.8)	15 (12.5)	6 (5)	10 (8.3)	16 (13.4)	120	0.0713
No	137 (50.4)	53 (19.5)	15 (5.5)	42 (15.4)	25 (9.2)	272	
¿Sabes si existe alguna norma que regule la IA en el sector sanitario?							
Si	5 (45.4)	0 (0)	0 (0)	2 (18.2)	4 (36.4)	11	0.038
No	205 (53.8)	68 (17.8)	21 (5.5)	50 (13.1)	37 (9.6)	381	
¿Te parece necesario que haya una norma que regule el uso de la IA en el sector sanitario?							
Si	201 (54)	62 (16.7)	19 (5.1)	50 (13.4)	40 (10.8)	372	0.581
No	9 (42.9)	6 (28.6)	2 (9.5)	3 (14.3)	1 (4.7)	21	

¿En qué aspectos crees necesaria una normativa sobre IA? (puedes señalar más de una)							
En el diagnóstico.	158 (54.5)	53 (18.3)	14 (4.8)	41 (14.1)	24 (8.3)	290	
En los tratamientos.	166 (57.6)	45 (15.6)	14 (4.9)	40 (13.9)	23 (8)	288	
En investigación.	149 (52.8)	52 (18.4)	12 (4.3)	42 (14.9)	27 (9.6)	282	
Para la protección de datos.	160 (54.2)	52 (17.6)	16 (5.4)	41 (13.9)	26 (8.9)	295	0.084
Para garantizar el consentimiento informado del paciente.	140 (58.3)	30 (12.5)	14 (5.8)	37 (15.4)	19 (8)	240	
Para establecer la responsabilidad de las decisiones.	168 (58.3)	49 (17)	12 (4.2)	35 (12.2)	24 (8.3)	288	
Otros (especificar)	0 (0)	1 (33.3)	2 (66.7)	0 (0)	0 (0)	3	

Figura 8: Resultado de la encuesta según la profesión de los participantes

Como se puede observar en la tabla solo existes una variable que sean estadísticamente significativas en función de la profesión de los participantes, ya que es las únicas que cumplen que $p \leq 0.05$. Esta variable es "¿Sabes si existe alguna norma que regule la IA en el sector sanitario?".

Observando los datos de esta variable en la figura 7 tenemos que 11 profesionales sanitarios saben si existe alguna norma que regule la IA en el sector sanitario, y que 381 consideran que no lo saben. Del 2.8% que saben si existe alguna norma 5 (45.5%) son médicos, 2 (18.2%) son fisioterapeutas y 4 (36.4%) tienen otra profesión dentro del sector sanitario. Y de las 381 personas que no lo consideran, 205 (53.8%) son médicos, 68 (17.8%) son enfermeros/as, 21 (5.5%) son psicólogos/as, 50 (13.1%) son fisioterapeutas y 37 (9.7%) tienen otra profesión dentro del sector sanitario.

Discusión

En la UE y en España no hay una ninguna norma específica que regule la aplicación de la IA a la medicina. Por este motivo, sólo se han analizado algunas normas europeas y españolas sobre IA que podrían ser aplicadas a la medicina.

La IA ha comenzado a impactar de forma muy directa en la práctica clínica y afecta a aspectos tan importantes como la responsabilidad del acto médico, la protección de los datos personales o el consentimiento informado. Existen iniciativas europeas para potenciar su aplicación a la medicina. La UE, por ejemplo, está financiando bases de datos con imágenes anonimizadas y sistemas con IA, con el objetivo de facilitar diagnósticos de forma más ágil y para detectar la enfermedad en etapas más tempranas (Tsang et al 2017). Europa, no obstante, está invirtiendo menos en IA que otros actores internacionales como EE.UU. o China. Un claro ejemplo es que hasta el año 2017, solo el 25% de las grandes empresas europeas había introducido unos estándares digitales (Miailhe et al 2020). Pese al progresivo desarrollo de la IA en medicina y a que las inversiones en IA han aumentado en Europa, aún no se ha implementado una normativa específica. Por este motivo algunos Estados miembros han adoptado sus propias normas, lo que pone en riesgo el marco normativo único que pretende instaurar la UE, porque la Unión subraya la necesidad de crear una gobernanza global para la IA.

1. ¿QUÉ PROBLEMAS ÉTICOS ESTÁ TENIENDO LA APLICACIÓN DE LA INTELIGENCIA ARTIFICIAL EN LA SANIDAD ESPAÑOLA?

A través del estudio "*Ai Watch- Ai For Enhancing Robotics- The Intersection Of Robotics With The Ai Landscape*" se subraya que la robótica está impactando, y se espera que lo haga cada vez más, en el sector manufacturero y en campos como el de la salud, la seguridad, el envejecimiento, la energía y el medio ambiente. Por este motivo, es necesario examinar qué entendemos por robot y cuáles son las posibles evoluciones en la robótica. La implementación de la IA permite a los robots operar sin control ni supervisión humana; de hecho, los robots ahora mismo también pueden operar en remoto mediante las telecomunicaciones. A día de hoy la intersección entre la robótica y la IA ya se encuentra arraigada en diferentes sectores como el de industrial donde contamos con servicios B2B; robots personales y componentes; robots profesionales e industriales; asistentes inteligentes y software para la gestión entre otros (Righi, R., Papazoglou et al 2022). También disponemos de herramientas que dan soporte tecnológico como Machine Learning; procesamientos del lenguaje natural; aplicaciones de computer visión; el internet de las cosas; automatización; o vehículos automáticos (CAVS). La IA y la robótica tienen intersección en investigación; publicaciones y proyectos.

Los robots asistenciales están más capacitados para hacer las tareas mecánicas y automatizadas de una forma más ágil y eficiente que los profesionales sanitarios, además, al quedar cubiertas dichas tareas, los profesionales sanitarios podrán dedicar más tiempo a la medicina personalizada y al diagnóstico. No obstante, esta situación no quita que el factor humano sea imprescindible a la hora de tratar a los pacientes, puesto que la empatía y el trato personalizado que pueden prestar nuestros profesionales sanitarios no pueden aportarlo estos productos. Es necesario evitar la deshumanización en determinadas asistencias.

Los ingenieros en robótica, es otro empleo que será preciso revisar y regular de forma más minuciosa ya que su participación en estos procesos podría generar un gran impacto no solo en temas de seguridad, sino también en la imagen, honor y confidencialidad de las personas. Además, esta profesión será de las que más se potencie debido a la rápida evolución que presenta la IA en todos los sectores. Por este motivo, es preciso que a la hora de regular esta profesión que está en auge, se haga de la manera armonizada y global posible.

Algunos autores como Gabbert y Seshadri Kreaden concluyeron que la robótica se ha integrado con éxito en el ámbito sanitario sin comprometer los resultados de los pacientes, ya que consideran que tanto la IA como los robots deben de ser considerados como una ayuda y como un soporte para los médicos, y no como un elemento sustitutivo de ellos. Actualmente hay una gran tendencia a utilizar el autodiagnóstico a través de Robots móviles, esta tendencia no busca reemplazar la labor de los médicos, si no que el objetivo es reducir la probabilidad de que haya un posible error humano y por supuesto prolongar y mejorar la vida de los ciudadanos a través de la aportación de más información generada por dichos dispositivos (Luciano, A. A et all 2016).

Otros autores como Qureshi y Syed a través de sus investigaciones, destacaron el gran impacto de la robótica en el empleo y la gran motivación que presentaban los profesionales sanitarios en el sector de la salud, pese a esta gran motivación que mostraban los empleados, no estaban del todo seguros que este impacto fuera positivo en todos los aspectos. (Qureshi, M. O., & Syed, R. S. 2014).

Las normas generales de la UE sobre IA se alinean con su Carta de Derechos Fundamentales. Los documentos de la UE y su código ético sobre IA resaltan los siguientes aspectos:

1. Establecimiento de un marco regulador general y de unos principios éticos para su uso acordes con el derecho y los principios de la UE y destinados a su aplicación en un mercado digital único para la UE.
2. Supervisión nacional, de manera que los Estados miembros deben controlar el funcionamiento de la IA a través de una autoridad pública independiente encargada de supervisar la aplicación de las normas y principios europeos sobre IA.
3. Identificación de posibles riesgos, por lo que se tiene que garantizar la seguridad y la ciberseguridad, de forma que las tecnologías de IA de alto riesgo sólo se pueden usar si se garantiza una supervisión humana integral y si se puede restablecer en todo momento el control humano.
4. Establecimiento de las responsabilidades derivadas de los daños causados por productos como las tecnologías con IA.

Para desarrollar una legislación sobre IA aplicada a la medicina, primero se deben establecer los principios éticos que sustenten la legislación. Dichos principios éticos deberían informar tanto las normas europeas como las nacionales. La ética debe ser el timón que guíe la IA y la ciberseguridad, para prevenir así los potenciales efectos adversos derivados de la IA (Mostenau 2020).

El código ético sobre IA de la UE marca los siguientes principios éticos: respeto a la dignidad, la autonomía y la seguridad humana, inclusión social, democracia, equidad, cooperación e igualdad. Los datos, por ejemplo, solo deberán ser utilizados por las autoridades públicas y por los Estados miembros cuando tengan fines de interés público esencial, y se deberán establecer controles de calidad sobre las fuentes externas de los datos y los mecanismos de supervisión. En esta misma línea, los firmantes de "Rome Call for AI Ethics" (Rome call for ethics 2018) consideran que para el desarrollo de los algoritmos tiene que haber un enfoque ético, desde en su diseño hasta en su aplicación. Para ello las tecnologías (la IA) han de tener en cuenta los principios de transparencia, inclusión, responsabilidad, imparcialidad, fiabilidad, seguridad y privacidad. El plan coordinado que la UE pretende implantar deberá compatibilizar los requisitos de predictibilidad, responsabilidad y verificabilidad con los derechos fundamentales y con los principios éticos (Vakkuri et al 2020).

2. ¿QUÉ PROBLEMAS DEONTOLÓGICOS ESTÁ TENIENDO LA APLICACIÓN DE LA INTELIGENCIA ARTIFICIAL EN LA SANIDAD ESPAÑOLA?

En la Sanidad española se está aplicando la Inteligencia Artificial de forma significativa sin que exista aún una regulación suficiente. Todavía hay muchos profesionales sanitarios que no contemplan pautas de actuación claras en sus códigos deontológicos frente a dichos supuestos, y deben encontrar el modo de incluirlos.

Respecto a los códigos de ética profesional españoles, hasta diciembre del año 2022, que se aprobó el nuevo código deontológico de medicina, ninguno regulaba el uso profesional de la IA.

El anterior código deontológico de medicina de 2011 hacía referencia a los sistemas de telemedicina, los cuales eventualmente podrían contar con programas asociados de IA. Según este código, para que la telemedicina fuese aceptable, la consulta realizada se tenía que desarrollar bajo circunstancias que no permitan una consulta personalizada, esta debía de ser interpretada como orientativa o como ayuda en la toma de decisión, se debían de respetar las reglas de confidencialidad, seguridad y secreto profesional, el paciente debía de ser informado del servicio y tenía que autorizar y consentir la atención por telemedicina (Lorenzo Aparici, M. O. D. 2022).

Con el nuevo código deontológico de medicina de diciembre de 2022, se establece que el médico deberá invertir todos sus esfuerzos en conservar las historias clínicas electrónicas y que contaran con una clave de acceso personal e intransferible. Teniendo en cuenta que las relaciones médico-paciente son fundamentales para respetar el secreto profesional en cualquiera de sus modalidades, los profesionales sanitarios pueden verse inmersos en un conflicto de intereses e incurrir en un delito si no respetan el consentimiento informado y la confidencialidad de los pacientes a la hora de publicar artículos y presentar casos clínicos en cualquier formato, además de que los datos de salud que se utilicen a través de IA deberán de ser siempre en beneficio de la sociedad y no en beneficio propio sin generar falsas expectativas ni confusión.

Lo mismo ocurre en referencia a las tecnologías de la información y de la telemedicina, ya que, durante el uso de los medios telemáticos, se deberá de preservar la confidencialidad de los pacientes y usar siempre vías de comunicación que garanticen la máxima seguridad posible, por lo que, en función del momento y del lugar, se podría considerar que algunos dispositivos y plataformas como por ejemplo un móvil, un ordenador o una vía de comunicación como Zoom o Teams podrían ser validos o no a criterio del médico, siendo ellos los responsables directos o indirectos de los daños ocasionados al paciente. Esta situación podría generar cierta inseguridad y miedo a los médicos el utilizar ciertas tecnologías pese a que pudieran favorecer en la toma de las decisiones.

Otra problemática a tener en cuenta es que no todos los profesionales sanitarios podrán utilizar la misma variedad de productos y de robots, puesto que requerirán unos conocimientos mínimos e indispensables que solo podrán tener a través de una buena formación. Por este motivo es conveniente regular de forma clara que requisitos profesionales se deben de cumplir para poder utilizar dichos productos.

En base a la técnica legislativa desarrollada por la UE en derecho medio ambiental según su art. 191 TFUE, para poder tener un control de dichas actuaciones y respetar los códigos éticos sería necesario autorizar a dichas personas a través de algún tipo de licencia como ya se hace en numerosos trabajos. Actualmente no hay ninguna disposición jurídica que se aplique de forma concreta en la robótica, por ello, en base a las recomendaciones del Parlamento Europeo, es preciso que, a la hora de acometer dichas situaciones, se hagan de una manera neutral en la que todos los Estados miembros se ajusten a los principios de proporcionalidad y de necesidad, y por supuesto respetando la protección de datos y la vida privada de los ciudadanos (Zambrano González, K. 2022). La finalidad para la que se utilice esta cantidad ingente de datos deberá estar perfectamente definida y limitada (Art. 191 TFUE).

3. ¿QUÉ PROBLEMAS LEGALES ESTÁ TENIENDO LA APLICACIÓN DE LA INTELIGENCIA ARTIFICIAL EN LA SANIDAD ESPAÑOLA?

Para poder contestar a la pregunta de si está o no actualizada la legislación española sobre la implementación de la IA, primero es preciso subrayar que nuestro sistema jurídico se basa en un método de razonamiento de resolución de conflictos deductivo, es decir, que parte de una premisa general, que serían nuestras leyes para resolver cada futuro conflicto que se de en la sociedad; de esta forma se crea un nexo causal para poder identificar si existe o no responsabilidad entre los agentes que realizan la acción y el resultado final. A diferencia de nuestro sistema jurídico, que siempre tiene que ver la forma de resolver un conflicto ya sea a través de fuentes primarias, complementarias o clarificadoras, una ley no tiene esta misma obligación, puesto que, cuando la norma no resulta del todo clara, nuestro sistema jurídico a partir de nuestros jueces debe de interpretarla y resolver el conflicto. Es por este motivo que podríamos afirmar el que una norma este en vigor en nuestro sistema jurídico, y la utilicemos para resolver un conflicto, no implica necesariamente que este actualizada y sea la forma más adecuada de resolverlo.

Otra problemática que hay en España, al igual que en Europa, surge a la hora de escoger la normativa sobre la responsabilidad derivada del uso de productos defectuosos que incluyen e incorporan IA.

Para reforzar esta postura, a continuación, veremos diferentes leyes que regulan los elementos de nuestro estudio, en los que ha tenido que intervenir nuestros tribunales para adaptarse al paradigma social actual.

La ley orgánica 3/2018, de 5 de diciembre, de Protección de Datos Personales y garantía de los derechos digitales, desarrolla y regula circunstancias y elementos sobre protección de datos personales y sobre derechos digitales, pero sin referencia específica a la aplicación de la IA a la medicina.

La Ley integral para la igualdad de trato regula la implementación de la IA por las administraciones públicas y por las empresas privadas (Rull, A. A. (2011).

Ambas deberán promover su uso con confianza y respetando los valores éticos y los derechos fundamentales de la Constitución Española. Esta ley menciona unos criterios mínimos a tener en cuenta: minimización de sesgos, rendición de cuentas y transparencia. Además, señala que se deberá explicar cómo se usan los datos para el diseño y el entrenamiento de los algoritmos, así como el posible impacto discriminatorio que puedan generar.

Por otra parte, existe la problemática de quienes deben de ser las personas o el Órgano competente que regule y gestione los recursos procedentes de la IA.

La Ley 14/1986, de 25 de abril, General de Sanidad nos permite a través de su regulación una vía legal que podríamos aplicar de cara a decidir cómo gestionar todos los recursos procedentes de la Inteligencia Artificial en el ámbito de la medicina, y que organismos son competentes de cara a regular las interacciones con el extranjero y todos los posibles efectos adversos que se pudiesen producir en nuestro territorio por causa de robots, máquinas y programas basados en IA en dicho sector.

Si adoptamos el método de regulación de la LGS, el Estado deberá hacerse cargo de la seguridad sanitaria con respecto a las relaciones internacionales, también será el encargado de autorizar que productos sanitarios y sistemas basados en IA se pueden utilizar a nivel legal en el territorio, y tendrá que coordinar y establecer qué fundamentos y servicios de Salud básicos, obligatorios e indispensables tienen que proporcionar cada una de las comunidad autónoma para garantizar en la medida de lo posible una asistencia universal. Una prueba de ello sería la sentencia en la Sala de lo Contencioso-Administrativo del Tribunal Supremo 765/2022, del 3 de marzo de 2022, en la que el Tribunal Supremo reconoce la pretensión de responsabilidad patrimonial solicitada por la litigante por los prejuicios padecidos a causa de una defectuosa asistencia sanitaria producida por un producto defectuoso autorizado previamente por la Agencia Española de Medicamentos y Productos Sanitarios; condenando a la Administración sanitaria autonómica al pago de una indemnización. El TSJ afirma que el hecho de que no se conociese la toxicidad en el momento de la asistencia no implica que se tenga que dirigir la acción de responsabilidad contra el fabricante, puesto que el paciente no era consumidor de un determinado producto, sino paciente de la sanidad pública ajena a la utilización de fármacos según el criterio médico. El nexo causal que se produce por la prestación de servicio de la sanidad pública es del que deriva la antijuricidad del daño y su obligación a responder por parte de la Administración Pública. A través de la interpretación y resolución del TSJ, la víctima podrá reclamar responsabilidad patrimonial por los perjuicios causados tanto al fabricante, como al distribuidor, como a la Agencia Española de Medicamentos y Productos Sanitarios o a todos ellos.

Teniendo esta premisa clara, debemos de contar con normas que nos ayuden a preservar la transparencia, la dignidad y la igualdad de todos, pudiendo pedirle cuentas y responsabilidad a las personas físicas o jurídicas que han diseñado y creado estos dispositivos y máquinas. El 23 de febrero del año 2022, el Tribunal Supremo de la Sala de lo Contencioso de Madrid en su sentencia 818/2022 ya se pronunció sobre a quién debíamos reclamarle la responsabilidad patrimonial. El TSJ subraya que el hecho de que el defecto del producto utilizado en la intervención quirúrgica se le pueda imputar al fabricante, en este caso un laboratorio, no impide que se pueda exigir responsabilidad a la Administración Sanitaria puesto que se trata de un producto integrado de forma esencial en el funcionamiento del servicio sanitario a la hora de realizar la intervención quirúrgica. El TSJ señala que el daño antijurídico tiene dos nexos causales coexistentes, por un lado, el defecto del producto que se le puede atribuir al fabricante o a cualquier otro agente que haya intervenido en la distribución o en la producción del producto, y a la Administración Pública que fue la que utilizó el tratamiento. Finalmente, el TS consideró que la víctima podría reclamar los perjuicios causados tanto al fabricante, al distribuidor, a la Agencia Española de Medicamentos y Productos Sanitarios o a todos ellos.

Independientemente de la resolución jurídica que se vaya a prestablecer para regular los distintos daños materiales producidos por la inteligencia artificial y la robótica, en ningún caso, deberían de ser reducidas las indemnizaciones compensatorias por los perjuicios realizados por las máquinas, alegando única y exclusivamente que el actor de los hechos no es un ser humano. Habrá que analizar e identificar el nexo causal de los hechos con los riesgos y consecuencias de manera objetiva, identificando cada agente interno, externo, humano y robot que ha intervenido para conocer la responsabilidad de cada uno y asumir dicha indemnización de manera equitativa.

Conforme al artículo 43 CE, la Administración actúa como garante competencial del derecho a la salud. Basándonos en el recurso de casación número 4429/2004, y en sentencias como la del 20 de marzo de 2007 (Rec. 7915/2003), 7 de marzo de 2007 (Rec. 5286/03) podríamos afirmar que lo que se sanciona en materia de responsabilidad sanitaria es la indebida aplicación de medios a la hora de obtener un resultado, pero la Administración sanitaria no puede constituirse como aseguradora universal, por lo que solo por el mero hecho de producirse un resultado dañoso no sería suficiente para imputarle una responsabilidad patrimonial a la Administración.

Por otra parte, el Tribunal Supremo en la sentencia de 25 de septiembre de 2007, Rec. De casación 2052/2003 subraya que la viabilidad de la responsabilidad de la Administración exige el aspecto antijurídico del resultado siempre que exista un nexo causal entre el funcionamiento normal o no del servicio público y el resultado lesivo producido. Además, El TS en la sentencia de 19 de mayo de 2015 (ECLI:ES:TS:2015:2494) señala que será preciso acudir a la lex artis para determinar cuál es la actuación médica correcta independientemente del resultado producido en la vida del enfermo ya que la Administración no puede garantizar, en todo caso, la salud del paciente.

Otra sentencia del TS que podríamos tener en cuenta de cara a identificar la responsabilidad de los actores que intervienen en este tipo de asistencia es la sentencia del 1 de marzo de 2021 758/2021 – ECLI:ES:TS:2021:758, en dicha sentencia, se plantea la cuestión jurídica sobre si se debe de determinar la responsabilidad del fabricante de una prótesis de cadera que fue retirada del mercado de forma voluntaria tras demostrarse que el sistema de la prótesis tenía una mayor tasa de revisión de la esperada, provocando así un mayor número de aflojamientos, infecciones, dislocaciones y fracturas entre otras patologías.

La Agencia Española de Medicamentos y Productos Sanitarios (AEMPS) distribuyo esta información proporcionada por el fabricante a los centros sanitarios. A través de esta sentencia, se intenta perfilar el concepto de defecto como la falta de seguridad que se puede dar en determinadas circunstancias, sin ser necesario demostrar que el producto utilizado por el paciente estuviese defectuoso. Finalmente, el tribunal supremo estimó que el fabricante era responsable de los daños producidos por su producto.

La STS 545/2010, de 9 de diciembre, del año 2010 resuelve un caso en el que se extraen implantes mamarios siguiendo las recomendaciones de las autoridades sanitarias basándose en el principio de precaución y la STJUE de 5 de marzo de 2015, que resuelve otro caso en el que el fabricante retira de forma voluntaria un marcapasos porque considera que esta defectuoso, pese a no ser idénticos al litigio del que estamos hablando, nos pueden servir de precedente para llegar a la misma conclusión que llega dicha sentencia. Por otra parte, otra sentencia que podríamos tener en cuenta de cara a identificar a los posibles responsables es la STS 2376/2019- ECLI:ES:TS:2019:2376, en dicha STS, el Tribunal Supremo de la Sala de lo Civil, consideró que había varias entidades que ejecutaron una determinada acción que derivaba de un producto defectuoso y de la responsabilidad extracontractual o aquiliana que viene previsto en el artículo 1902 de nuestro Código Civil (CC); alegando que en el accidente laboral, tanto la sociedad que suministra el producto como la que se encarga del mantenimiento debían de responder ya fuese de forma directa como de forma solidaria según el grado de participación.

En mi opinión, si tomásemos la consideración de que las máquinas son sujetos o agentes dependientes del ser humano y por lo tanto dependiente de persona física se asemejaría incluso a la figura de que estos agentes son catalogados como menores dependientes o no imputables a efectos prácticos en la ejecución de sus tareas cuando generan daños y perjuicios a la sociedad, podríamos aplicar la Ley Orgánica 5/2000, de 12 de enero, reguladora de la Responsabilidad Penal de los Menores (LORPM) en su artículo 61.3 que establece que los tutores responderán de forma solidaria con el autor de los daños y perjuicios. Dicha relación se hará siempre de forma objetiva y no tendrá cabida ningún tipo de exoneración, aunque se demostrase que se ha actuado con la diligencia de un buen padre de familia.

El Comité Económico y Social Europeo (CESE) en su dictamen 2017/C 288/01 de 31 de mayo de 2017, en el punto 1.12 ya se pronunció sobre las consecuencias de la IA para el mercado digital, y se opone completamente a la idea de incorporar personalidad jurídica a los diferentes tipos de robots ni a la diversidad de sistemas basados en inteligencia artificial, alegando que, incorporando personalidad jurídica a las máquinas, perjudicaríamos directamente el sistema jurídico que regula la responsabilidad. Subraya que el sistema jurídico estaría expuesto a que el ser humano pudiese dar un uso indebido a las máquinas y produciendo a su vez un aumento del riesgo ético y moral.

Además, el CESE en su apartado 3.33, establece que "*la legislación en materia de responsabilidad no solo tiene la función de comunicar e informar sobre los códigos de conducta, sino que también tiene una función de prevención para aquellas personas que piensen en obrar de forma ilegal infundiéndoles respeto y miedo a sufrir una sanción o una pena. El CESE considera que dicho respeto y miedo desaparecería si se pudiese delegar o transmitir la responsabilidad de un ser humano a un dispositivo basado en inteligencia artificial o a un robot*" (DOUE § C 288 (2017)).

Muchos países hace tiempo que comenzaron a desarrollar medidas para adoptar la robótica y la IA en numerosos sectores. Debido a esto, si no queremos vernos obligados a adoptar las medidas que hayan creado otros Estados conforme a sus preferencias y entorno a su paradigma social, debemos invertir tiempo en investigación y desarrollo para no quedarnos atrás.

4. ¿ES NECESARIO OTORGAR RESPONSABILIDAD JURÍDICA A LOS ROBOTS?

Para poder abordar este tema con mayor precisión, es necesario que antes hablemos de los principios de beneficencia y no maleficencia de la bioética que se deberían de aplicar en el ámbito de la robótica.

El principio de beneficencia aplicado a este ámbito tiene como objetivo que el diseño y la investigación de los robots tiene que estar enfocado en producir un beneficio para las personas. También se debe respetar el principio de no maleficencia, señalando que los robots no pueden hacer daño a las personas. Estos dos principios se ven reflejados en las leyes fundamentales de la robótica desarrolladas por Isaac Asimov que veremos a lo largo del proyecto. Por otra parte, el principio de autonomía tiene que quedar latente independientemente de la interacción que se produzca entre robots y humanos, respetando no solo la integridad física sino también la mental. El principio de justicia relacionado con el ámbito de la robótica en la medicina, con respecto a la forma de distribución y al acceso de las asistencias sanitarias.

Como en cualquier conjunto de normas se debe de respetar una jerarquía normativa, y en nuestro sistema jurídico, la norma suprema es la Constitución, por lo tanto, en todo caso, los diseñadores, investigadores e ingenieros en robótica deberán respetas todos y cada uno de los derechos fundamentales recogidos en ella inherentes al ser humano, simplemente por el hecho de serlo. La protección de los datos personales de las personas físicas viene recogida en el artículo 18.4 de la Constitución, que a su vez es desarrollado y regulado en el reglamento (UE) 2016/679. Por ello, los diseñadores e ingenieros no deberán ocultar información, fomentando la transparencia y la claridad en los datos a cada una de las partes interesadas y que formen parte de alguna manera en la interacción.

La información a la que tienen acceso los investigadores e ingenieros gracias a su empleo es de carácter privado, y deberá de serlo siempre a no ser que se tenga el consentimiento explícito de lo contrario. Se deberá garantizar el uso adecuado de la información y bajo ningún concepto podrá ser utilizada en contra de las personas. Es preciso anonimizar dicha información por medio de la despersonalización antes de utilizarla, el consentimiento deberá de hacerse de forma consciente, libre y voluntaria, y siempre con anterioridad a la interacción entre el hombre y la máquina. Los posibles riesgos y efectos adversos en ningún caso podrán ser superiores a los que sucederían en condiciones normales sin emplear la robótica. La precaución debe de ser un pilar fundamental a la hora de afrontar riesgos.

Al hablar de responsabilidad, es necesario hacer referencia a los daños y perjuicios que causan o podrían causar los robots, dicha responsabilidad civil tiene que ser homogénea no solo a escala nacional, si no a escala internacional y mundial para poder garantizar la mayor seguridad jurídica en todos los Estados y para todas las personas.

Es conveniente subrayar la importancia de crear un sistema jurídico homogéneo ya que podrían darse dentro de una misma acción y resultado, diferentes variantes e interacciones entre los robots y los humanos. Para que las acciones conjuntas entre ambos sean lo más eficaces posibles, habría que establecer unas bases normativas conjuntas que determinasen el grado de dependencia del robot con respecto al humano y la posible previsibilidad del resultado final que debería conocer el programador o el ser humano que utiliza el robot.

La convivencia entre los seres humanos y los robots en el ámbito laboral cada vez es más frecuente, no solo porque ya forman parte de la evolución profesional y el ahorro económico, sino porque permiten a los profesionales centrarse en asistencias más específicas y concretas, pudiendo delegar las actividades mecánicas, perjudiciales y que conlleven algún riesgo a las máquinas. La robotización de estas tareas a su vez, hacen que la interacción entre humanos y robots sea mucho más frecuente pudiendo generar nuevos riesgos, por ello es conveniente tener claras las normas orientadas a dicha interacción y concretar qué tipo de responsabilidad tendrá cada parte con el objetivo de garantizar el bienestar, la seguridad y los derechos en el ámbito laboral.

De la misma manera que en aquellos trabajos que conllevan una serie de riesgos directamente relacionados con la actividad laboral, hay un seguro obligatorio que cubriría los posibles daños y perjuicios que previamente han sido evaluados, se podría crear uno para los robots inteligentes y para aquellos que actúan y toman decisiones de forma autónoma. Evidentemente esta evaluación de consecuencias asociadas a los robots se debería de hacer por personas especializadas en inteligencia artificial a nivel europeo para poder realizarla de manera precisa y exhaustiva.

Si finalmente se optase por no otorgar responsabilidad a los robots, no considerando como propios los hechos realizados por ellos, se podría otorgar responsabilidad en base a hechos o acciones ajenas utilizando algunos de los códigos del sistema jurídico español. En el sistema jurídico español conviven tres mecanismos de responsabilidad por hechos ajenos. La responsabilidad patrimonial, que se produce cuando los autores de los hechos son empleados públicos, la responsabilidad civil que se produce cuando los hechos son realizados por particulares a particulares y la tercera responsabilidad que también es de carácter civil, pero se aplica por los tribunales de lo penal cuando los hechos están tipificados en el Código Penal (CP).

El Código Penal (CP) en su artículo 120 a y siguientes y 120.1 hace referencia a la responsabilidad civil de los padres y/o tutores legales que tienen la patria potestad o tutela de sus hijos, si interpretáramos que los diseñadores, programadores, y personas que disfrutan y hacen uso de las máquinas, robots e inteligencia artificial posen la tutela de dichos dispositivos considerando que son dependientes del ser humano, se podría interpretar y aplicar dicho artículo para su regulación.

Por otra parte, en el Código Civil (CC) español en su artículo 1903.2 no obliga a que los tutores convivan con el causante de los daños para responsabilizarse de los efectos adversos, así que a través de esta interpretación se podría imputar como responsables no solo a las personas que han utilizado los robots, sino también a sus diseñadores, programadores y creadores. Habría que analizar qué grado de responsabilidad tiene que asumir cada uno en función de los hechos acontecidos. La responsabilidad podrá clasificarse de diferentes formas, podría ser directa, por causa presunta, de forma no exclusiva o como responsabilidad solidaria. También es necesario mencionar el artículo 1902 CC que establece que deberá atribuirse la responsabilidad a aquellas personas que por sus acciones u omisiones hayan producido un daño siempre que intervenga culpa o negligencia. De esta manera también se tendría en cuenta aquellos actos realizados de forma directa o indirecta en los que exista premeditación.

Partiendo del enfoque que hizo el Magistrado (Juárez Vasallo, F.) sobre la responsabilidad civil por hechos ajenos derivados de un delito, haciendo especial relevancia a la responsabilidad de los padres y tutores, si tomásemos la consideración de que las máquinas son sujetos o agentes dependientes del ser humano asemejándose incluso a la figura de que estos agentes son catalogados como menores dependientes o no imputables a efectos prácticos en la ejecución de sus tareas cuando generan daños y perjuicios a la sociedad, podríamos aplicar la Ley Orgánica 5/2000, de 12 de enero, reguladora de la Responsabilidad Penal de los Menores (LORPM) en su artículo 61.3 que establece que los tutores responderán de forma solidaria con el autor de los daños y perjuicios. Dicha relación se hará siempre de forma objetiva y no tendrá cavidad ningún tipo de exoneración, aunque se demostrase que se ha actuado con la diligencia de un buen padre de familia (Jiménez-Poyato Narváez, M. M.2022)

Independientemente de la resolución jurídica que se vaya a prestablecer para regular los distintos daños materiales producidos por la inteligencia artificial y la robótica, en ningún caso, deberían de ser reducidas las indemnizaciones compensatorias por los perjuicios realizados por las máquinas, alegando única y exclusivamente que el actor de los hechos no es un ser humano. Habrá que analizar e identificar el nexo causal de los hechos con los riesgos y consecuencias de manera objetiva, identificando cada agente interno, externo, humano y robot que ha intervenido para conocer la responsabilidad de cada uno y asumir dicha indemnización de manera equitativa.

5. OPINIÓN QUE TIENEN LOS PROFESIONALES SANITARIOS SOBRE LA INTELIGENCIA ARTIFICIAL EN LA MEDICINA

Aunque el objetivo de la encuesta en analizar el conocimiento de los profesionales sanitarios sobre el uso de la IA en el sector sanitario, tanto a nivel técnico como legislativo, también se les ha realizado una pregunta de forma general sobre si, en su día a día, fuera de su lugar de trabajo, utilizan alguna herramienta que tenga integrada IA. Los resultados obtenidos de esta pregunta son inquietantes, ya que el 42.5% de los encuestados ha contestado que no, el 21.1% que no lo tiene claro y solo el 35.9% que sí. Estos resultados son llamativos ya que vivimos en una época en la que estamos constantemente conectados a la red, que tenemos relojes inteligentes, que esta ALEXA, SIRI, plataformas como Netflix o PRIME y sus algoritmos para recomendarnos series, etc, obtener que el 42.5% diga que no utiliza herramientas basadas en IA, hace pensar que lo que realmente está ocurriendo, es que muchos profesionales sanitarios no tienen claro que es la IA y en que consiste.

Observando los resultados obtenidos en la encuesta sobre el conocimiento de los profesionales sanitarios sobre el uso de la IA en el sector de la salud podemos ver que la mayoría de los encuestados no están familiarizados con el uso de la IA. Del pequeño porcentaje, el 24.4%, que si está familiarizado con el uso de la IA en el sector sanitario cabe destacar que, dentro de este porcentaje, la mitad de los encuestados tienen 45 años o más y 20 años o más de experiencia laboral, dato algo sorprendente, ya que al tratarse de nuevas tecnologías siempre se tiende a pensar que las personas más jóvenes son las que más conocimiento sobre el tema deberían de tener.

En cuanto al uso de herramientas basadas en IA tanto en su centro de trabajo como en su día a día, obtenemos que algo más del 40%, en ambas cuestiones, indican que no, es decir, que ni ellos ni en su lugar de trabajo se utilizan herramientas basadas en IA, frente al 18%, también en ambos casos, que dice que sí, donde la mayoría ha utilizado en las últimas 2 semanas herramientas que tienen integrada IA. El resto de encuestados, equivalentes a algo más del 30%, no están seguros de si en su centro de trabajo se utilizan herramientas que tengas integradas IA, y los más llamativo, tampoco saben si utilizan herramientas en su puesto de trabajo que tenga IA integrada.

Teniendo en cuenta estos valores, y los obtenidos sobre el conocimiento de herramientas que tienen integrada IA en su vida diaria, no es extraño pensar que el conocimiento de los profesionales sanitarios sobre que herramientas tienen o no integrada IA, para que sirve, y otras cuestiones de esta índole, es muy bajo, haciendo pensar que mas de uno desconoce hasta qué es y en que consiste la IA.

En cuanto a las opiniones sobre si la IA mejora la asistencia sanitaria tenemos dos grupos claramente definidos, los que están seguros de que si frente a los que tienen dudas. De estos dos grupos, se comprueba que los profesionales sanitarios que han respondido que no lo tienen claro, se centran sobre todo en el momento actual, es decir, tienen dudas de si en este momento la IA está mejorando la asistencia sanitaria, pero mirando hacia el futuro, la opción de que el uso de la IA mejore este servicio aumenta de forma exponencial, considerando para la gran mayoría que la IA mejorara la asistencia sanitaria.

Si continuamos analizando las respuestas del encuestado sobre el futuro de la IA en el sector sanitario, tenemos las siguientes respuestas sobre su posible uso en un futuro. La opción más marcada, y con bastante diferencia al resto, es "Para facilitar la investigación clínica", por lo que se entiende que para los profesionales sanitarios el uso de la IA se centra, sobre todo, en investigación. En cambio, en el lado opuesto tenemos que la opción menos marcada es "Para facilitar el acceso a la sanidad a determinadas personas". Estas dos opciones nos pueden hacer pensar que, dentro del personal sanitario, las idea que tienen sobre el uso de IA en simplemente la opción de investigación o del uso de "maquinas" para mejor resultados, no que el uso de la IA puede favorecer a la relación médico-paciente.

Para continuar justificando la afirmación anteriormente expuesta, vemos que otras de las opciones más seleccionadas fueron "Para automatizar laborales repetitivas y liberar así al personal sanitario de las mismas", "Para hacer diagnósticos más rápidos" y "Para hacer diagnósticos más certeros", es decir, todas aquellas tareas que exclusivamente hacen referencia al uso de herramientas de IA con el único fin de resolver tareas de análisis de datos, sin centrarse en la capacidad que esta tecnología puede tener en favorecer otros factores que están más relacionados con el propio paciente.

Si ahora nos centramos en la opinión que tienen sobre los posibles problemas que puede tener el uso de esta tecnología nos encontramos con que, los dos mayores temores que han seleccionado los encuestados son, "Que se deshumanice la medicina, porque la apliquen máquinas" y "Que falle la tecnología".

En el primer caso podemos pensar que existe el miedo a que los médicos sean sustituidos por máquinas, algo que también se refuerza con el porcentaje de otra de las opciones aportadas, que, aunque no tiene el mismo valor que esta, lo han marcado casi la mitad de los encuestados, y es la opción "Que se sustituyan a los humanos, con pérdidas de trabajo". Esta incertidumbre sobre la posible sustitución o pérdida de empleo también se la ha preguntado al encuestado obteniendo unos resultados bastante dispersos, ya que tenemos que, algo más de la mitad de los encuestado opina que no, pero hay un porcentaje un poco menos elevado, correspondiente al 29.6% que opina que en algún área sí. De este grupo de profesionales podemos añadir que no existe diferencia de opiniones por sexo, pero que si por el rango de edad, siendo los mayores de 45 años el grupo de edad que más ha marcado está opción.

Para la segunda opción con mayor número de selecciones vemos que esa opción puede ser generada por desconocimiento sobre qué tipo de tecnología y su uso y responsabilidad, es decir, se generan muchas preguntas que hace que ese miedo sea más grande, como: "¿quién controla esa tecnología?, ¿hay riesgo en la vida del paciente?, ¿qué puede provocar que eso falle?, ¿quién es el responsable si falla?, etc. Si ahora vemos otra de las opciones dadas como posibles respuestas, vemos que el 54.6% de los encuestados ha seleccionado "Que no se conozca bien de quién es la responsabilidad del acto sanitario, porque lo realiza una máquina", haciendo hincapié en el miedo por desconocimiento sobre el uso y la responsabilidad del uso de herramientas que estén basadas en IA.

Algo que llama la atención, sobre todo en el mundo en el que vivimos actualmente, es que la opción menos señalada es "Que se dañe la confidencialidad de los usuarios". Esto hace pensar que el profesional sanitario no está entendiendo la parte de IA que consiste en el procesamiento masivos de datos, es decir, aquellas herramientas que, bien sean para investigación o diagnóstico, están accediendo a datos personales de los pacientes, tanto datos médicos como de otro tipo.

Continuando en este tema de protección de datos, se le ha preguntado al encuestado sobre su conocimiento a nivel legislativo del uso de la IA en el sector sanitario. Sobre el conocimiento de si existe o no alguna norma que regule la IA en el sector sanitario tenemos, que la mayoría, no lo sabe o tiene dudas sobre su existencia, aunque si que prácticamente todos los encuestados afirmas que si es necesario que haya una norma que regule el uso de la IA en el sector sanitario.

Cuando se les pregunta con más detalle, en que aspectos creen que es necesario la existencia de una norma para su regulación, prácticamente los encuestados han seleccionados todas las opciones dadas en el cuestionario, incluso la opción de "Para la protección de datos", aunque este haya sido la opción menos seleccionada como posible problema que puede tener el uso de la IA.

Esto nos hace ver que, los profesionales sanitarios tienen un gran desconocimiento a nivel jurídico sobre el uso de la IA en el sector sanitario, pero si consideran que tiene que estar regulado en prácticamente todos los aspectos, tanto en el uso de herramientas de IA en investigación o diagnóstico, como para garantizar la protección de los pacientes y la del propio profesional sanitario.

Por último, si observamos los comentarios que aportan algunos profesionales sanitarios al final del cuestionario, donde se les daba la opción de opinar sobre el tema a tratar de forma voluntario, vemos que existen opiniones diversas sobre los beneficios o no de la IA y de su uso en el sector sanitario. Lo que sí se puede observar es que, independientemente de si están a favor o en contra, lo que todos tienen en común es la opinión de que no se puede sustituir al profesional sanitario por completo, ya que muestran mucho hincapié en los valores humanos que proporciona una persona pero que nunca va a proporcionar una máquina.

6. PROPUESTA PARA REGULAR LA APLICACIÓN DE LA IA EN LA MEDICINA

La UE y sus Estados miembros, como España, deberán instaurar un plan realista y adecuado sobre la aplicación de la IA en medicina. Este plan debe buscar mejorar la calidad de la medicina y, al mismo tiempo, que se respeten los principios éticos de la medicina y los derechos y libertades fundamentales establecidos en el marco europeo. Dando continuidad a las normas descritas por Isaac Asimov en 1942, proponemos que se consideren los siguientes aspectos en las futuras normas europeas y españolas sobre IA aplicada a la medicina:

1. La ética como guía: Toda norma deberá respetar los principios y valores éticos que dan fundamento al Derecho de la UE y del Estado español.
2. Respeto al objetivo general de la medicina: Para que la aplicación de la IA a la medicina sea acorde con el marco ético español y europeo, es necesario que sus sistemas y algoritmos tengan un objetivo claro, que no es otro que el objetivo de la propia medicina: mejorar o facilitar la calidad asistencial (la salud) de los usuarios.

3. Evaluación continua: La toma de decisiones derivada de la IA debe ser comprensible, transparente y evaluable, para asegurar que sea acorde con el objetivo general mencionado de mejora de la calidad asistencial. El uso de la IA debe ser confiable para todas las partes involucradas.
4. Clarificación de las responsabilidades: Todos los implicados en la aplicación de la IA a la medicina (diseño, distribución, uso profesional) deben conocer sus responsabilidades específicas, especialmente si se produce un evento adverso.
5. Identificación de riesgos: Los actores implicados en la aplicación de la IA deben cooperar para identificar y evitar los posibles riesgos e impactos negativos derivados de ella, entre otros: déficits en la seguridad o en la protección de los datos, información defectuosa a los usuarios, amenazas a la autonomía del paciente (minando el consentimiento informado o su capacidad decisoria), confusión acerca de las responsabilidades derivadas del acto sanitario mediado por IA. Es preciso que haya mecanismos que permitan identificar estos y otros riesgos y efectos colaterales negativos, para que la IA se consolide como una tecnología confiable.
6. Ciberseguridad: Además de identificar riesgos, debe haber mecanismos que garanticen la seguridad. Sólo se deberá emplear la IA de alto riesgo si se garantiza una supervisión humana integral y si se puede restablecer en todo momento el control humano.
7. Formación continua: La aplicación de la IA en medicina debe formar parte de los planes de formación de los futuros profesionales sanitarios. La UE y sus Estados miembros deben asegurar que la educación de sus profesionales sanitarios sobre IA sea adecuada, para que puedan hacer un uso apropiado y responsable de ella.

Conclusiones

1. De acuerdo con la revisión bibliográfica realizada y con la encuesta llevada a cabo, los principales problemas éticos que está teniendo la aplicación de la Inteligencia Artificial en la sanidad española son: 1) Riesgo de deterioro de la relación clínica sanitario-paciente; 2) Mayor deshumanización de la asistencia sanitaria; 3) Falta de claridad en las responsabilidades de cada actor implicado en las decisiones mediadas por IA, lo que genera inseguridad en muchos profesionales sanitarios; 4) Sesgos y errores en los sistemas que puedan perjudicar a los usuarios; 5) Falta de transparencia y conflictos de intereses, tanto en investigación como en la asistencia sanitaria; 6) Vulneración de determinados derechos fundamentales de los usuarios, entre otros: derecho a la intimidad y la protección de la imagen, derecho a la libre elección, derecho al honor; 7) Posible impacto discriminatorio en determinados pacientes, bien por los sesgos de la IA o por la brecha tecnológica; 8) Qué límites asistenciales debe tener la IA.

2. Respecto a los problemas legales identificados, estos son: 1) Ausencia de una regulación apropiada que permita hacer frente a los nuevos supuestos que plantea el uso de la IA en sanidad, tanto a nivel nacional como en la UE; 2) Riesgo de vulneración de Derechos constitucionales fundamentales; 3) Falta de claridad respecto a la responsabilidad legal consecuente de las malas prácticas o de los efectos indeseables de la IA; 4) Como consecuencia de la carencia de una regulación apropiada, variabilidad y disparidad en las posibles sanciones por malas prácticas; 8) Dudas acerca de la propiedad intelectual de la IA.

3. Por otra parte, salvo en medicina, no existen pautas de actuación sobre IA en los Códigos Deontológicos profesio-

nales, en concreto respecto a la defensa de la privacidad, a la protección de datos y a las competencias de los profesionales.

4. Los profesionales sanitarios encuestados, en general, no tienen mucho conocimiento sobre la IA en el sector de la salud, tanto de su uso como de sus posibles aplicaciones: La mayoría no está familiarizado con su uso, muchos no saben si en su centro de trabajo se utiliza alguna herramienta basada en IA y un tercio desconoce si en su trabajo se usan herramientas que tengan integrada IA. Tampoco conocen adecuadamente la existencia de su regulación: Mayoritariamente no saben si existe una normativa que regule la IA en el sector sanitario. Sin embargo, casi todos creen necesaria dicha regulación
5. Casi la mitad considera que la IA mejora la asistencia sanitaria y la mayoría piensa que en el futuro mejorará la asistencia sanitaria.
6. El principal problema identificado por los sanitarios encuestados es que se deshumanice la medicina como consecuencia de que la apliquen máquinas. Otro problema identificado es el temor de ser sustituidos por las máquinas (con la consecuente pérdida de trabajo), aunque casi la mitad opina que, en general, no serán sustituidos y tres de cada diez que lo serán sólo en algún área. Otros problemas detectados son la inseguridad de la tecnología y de quién es la responsabilidad del acto sanitario si lo realiza una máquina.
7. Es necesario que los sanitarios españoles sean formados en el uso apropiado de la IA, para que así mejoren sus competencias técnicas y, sobre todo, para que desarrollen las adecuadas competencias éticas, las cuales deben garantizar que el uso de IA sea verdaderamente en beneficio de los usuarios. Entre otras, estas deben ser: beneficencia, empatía, compasión, prudencia y responsabilidad.

8. Urge que la normativa española y europea regulen con detalle la IA aplicada a la medicina, para que los ciudadanos españoles y europeos se puedan beneficiar de ello y también para evitar los riesgos que puede conllevar. El presente trabajo realiza una propuesta sobre dicha regulación, la cual debe incluir un plan realista y adecuado que contemple, como mínimo, los siguientes aspectos: 1) Respecto a los principios y valores éticos de la UE; 2) Que los sistemas y algoritmos se diseñen en función del objetivo de la medicina: el cuidado de la salud de los usuarios; 3) El uso de la IA tiene que ser confiable para todas las partes involucradas; 4) Clarificación de las responsabilidades de los diferentes actores que intervienen; 5) Cooperación entre todos los implicados, para identificar y evitar los posibles riesgos e impactos negativos derivados del uso de la IA; 6) Establecimiento de mecanismos que garanticen la seguridad y que proporcionen en todo momento el adecuado control humano; 7) Formación continua de los profesionales sanitarios.

Bibliografía

Act, A. I. (2023). a step closer to the first rules on Artificial Intelligence. Available on: https://www. europarl. europa. eu/news/en/pressroom/20230505IPR84904/ai- act-a-step-closer-to-the-first-rules-on-artificialintelligence.

Andreu, G. R. (2021). Libro Blanco de la Comisión Europea sobre Inteligencia Artificial. Un enfoque europeo hacia la excelencia y la confianza1 GERARD RINCÓN ANDREU. Revista Ius et Praxis, 27(1), 264-270.

Anta Valverde, M. (2016). Responsabilidad patrimonial de las administraciones públicas en el ámbito sanitario. La doctrina de la pérdida de oportunidad.

Aranguren, A. M. (2020). Demanda por responsabilidad sanitaria de la Administración a la aseguradora. CEFLegal. Revista práctica de derecho, 109-119.

Asimov, I. Runaround (New York: Street & Smith, 1942), 40. Asimov also added a" Zcroth Law"—so named to continue the pattern where lower-numbered laws supersede the higher-numbered laws—stating that a robot must not harm humanity.

Báez, M. J. P. (2021). Big data y analítica del aprendizaje en aplicaciones de salud y educación médica. Investigación en educación médica, 7(25), 61-66

Barreto Martín, A. (2018). Responsabilidad civil en las intervenciones de carácter voluntario: especialmente, el derecho-deber de información.

Beunza, J. J., & Puertas, E. (2020). El algoritmo: ¿cómo se entrena? Manual práctico de inteligencia artificial en entornos sanitarios, 41.

Beunza, J. J., & Puertas, E. (2020). Tipos de algoritmos. Manual práctico de inteligencia artificial en entornos sanitarios, 35.

Burzaco Samper, M. (2020). Protección de datos personales: Reglamento (UE) 2016/679 del Parlamento Europeo y del Consejo de 27 de abril de 2016, relativo a la protección de las personas físicas en lo que respecta al tratamiento de datos personales ya la libre circulación de estos datos y por el que se deroga la

Cañigueral, A. (2020). El trabajo ya no es lo que era: Nuevas formas de trabajar, otras maneras de vivir. Conecta. [acceso: 02/10/2022]. Obtenido de https://youtu.be/-z5z8aGRSQ0

CARLOS, J., & DE ESPAÑA, R. E. Y. Ley 41/2002, de 14 de noviembre, básica reguladora de la autonomía del paciente y de derechos y obligaciones en materia de información y documentación clínica.

Carta de los Derechos Fundamentales de la Unión Europea, firmado en Niza el 7 de diciembre de 200. [Internet]. Diario Oficial de la Unión Europea, 18 de diciembre de 2000. [Consultado 1 de enero de 2023]. Disponible en: https://www.europarl.europa.eu/charter/pdf/text_es.pdf

Castillo Alcañiz, R. (2022). ¿Puede un programa de movilización temprana reducir la estancia en la Unidad de Cuidados Intensivos? Revisión Bibliográfica.

Cazorla, M. I. T. (2021). Big Data y salud: el papel de las organizaciones internacionales en esta materia. In El sistema jurídico ante la digitalización: estudios de derecho privado (pp. 43-68). Tirant lo Blanch.

Chang, A. Big Data en medicina: La inteligencia artificial que viene. Consejo General de colegios oficiales de médicos (2022). Código de Deontología Médica. https://www.cgcom.es/sites/main/files/minisite/static/828cd1f8-2109-4fe3-acba-1a778abd89b7/codigo_deontologia/

Colegio oficial de Enfermería (1989). Código Deontológico de Enfermería Española. https://www.codem.es/codigo-deontologico

COMISIÓN AL PARLAMENTO EUROPEO. Comunicación de la Comisión Al Parlamento Europeo, Al Consejo Europeo, Al Consejo, Al Comité Económico y Social Europeo y Al Comité de las Regiones. Inteligencia artificial para Europa. COM (2018) 237. Bruselas: 25 mayo 2018.

Communication from the Commission to the European Parliament, the European Council, the Council, the European Economic and Social Committee and the Committee of the Regions. Coordinated Plan on Artificial Intelligence (2018)

Consejo General de Colegios de Fisioterapeutas de España (2021). Código de deontología de fisioterapia española. https://www.consejo-fisioterapia.org/descargas/codigo-deontologico-cgcfe.pdf

Consejo General de colegios oficiales de médicos (2011). Código de Deontología Médica. https://www.cgcom.es/sites/main/files/files/2022-03/codigo_deontologia_medica.pdf

Consejo General de la Psicología de Espala (2015). Código Deontológico del Psicólogo. https://www.cop.es/pdf/CodigoDeontologicodelPsicologo-vigente.pdf

Consolidated Version of the Treaty on European Union [2008] OJ C115/13. Constitución Española. [Internet]. Boletín Oficial del Estado, 29 de diciembre de 1978,

Council Directive 85/374/EEC of 25 July 1985 on the approximation of the laws, regulations and administrative provisions of the Member States concerning liability for defective products DOCE 210 § 80678

De España, G. (1986). Ley 14/1986, de 25 de abril, General de Sanidad. Boletín Oficial del Estado, 1-24.

De España, G. (2000). Ley Orgánica 5/2000 de 12 de enero, reguladora de la Responsabilidad Penal de los Menores. BOE, 11, 1422-1441.

De España, G. (2014). Ley 3/2014, de 27 de Marzo, Por La Que Se Modifica El Texto Refundido de La Ley General Para La Defensa de Los Consumidores y Usuarios y Otras Leyes Complementarias, Aprobado Por El Real Decreto Legislativo 1/2007, de 16 de Noviembre. Boletín Oficial del Estado (BOE): Madrid, España.

De España, G. (2015). Ley 40/2015, de 1 de octubre, de Régimen Jurídico del Sector Público. BOE, A, 2015, 10566.

De España, G. Decreto-ley 2/2023, de 8 de marzo, de medidas urgentes de impulso a la inteligencia artificial en Extremadura. [Internet]. Boletín Oficial del Estado, 10 de marzo de 2023, núm. 48. Disponible en: https://www.boe.es/diario_boe/txt.php?id=BOE-A-2023-8795

De España, G. Decreto-ley 717/2019, de 5 de diciembre, por el que se modifica el Real Decreto 1345/2007, de 11 de octubre, por el que se regula el procedimiento de autorización, registro y condiciones de dispensación de los medicamentos de uso humano fabricados industrialmente. [Internet]. Boletín Oficial del Estado, 6 de diciembre de 2019, núm. 293. Disponible en: https://www.boe.es/buscar/doc.php?id=BOE-A-2019-17611

De España, G. Ley 15/2022, de 12 de julio, integral para la igualdad de trato y la no discriminación. [Internet]. Boletín Oficial del Estado, 13 de julio de 2022, núm. 167. [Consultado 22 de abril de 2023]. Disponible en: https://www.boe.es/buscar/act.php?id=BOE-A-2022-11589

De España, G. Ley Orgánica 10/1995, de 23 de noviembre, del Código Penal. [Internet]. Boletín Oficial del Estado: viernes 24 de noviembre de 1995, Núm. 281 [Consultado 18 de marzo de 2023]. Disponible en: https://www.boe.es/boe/dias/1995/11/24/

De España, G. Ley Orgánica 3/2018, de 5 de diciembre, de Protección de Datos Personales y garantía de los derechos digitales. [Internet]. Boletín Oficial del Estado, 06 de diciembre de 2018, núm. 294. [Consultado 20 de marzo de 2023]. Disponible en: https://www.boe.es/buscar/pdf/2018/BOE-A-2018-16673- consolidado.pdf

De Helsinki, D., & World Medical Association. (1975). Declaración de Helsinki. Principios éticos para las investigaciones médicas en seres humanos. Tokio-Japón: Asociación Médica Mundial.

DIAZ, J. S. B., & FRANCO, J. S. Implementación de un modelo de redes neuronales convolucionales para el diagnóstico de neumotórax.

Directiva 85/374/CEE del Consejo, de 25 de julio de 1985, relativa a la aproximación de las disposiciones legales, reglamentarias y administrativas de los Estados Miembros en materia de responsabilidad por los daños causados por productos defectuosos https://eur-lex.europa.eu/legal-content/ES/ALL/?uri=celex%3A31985L0374

Directiva 95/46/CE (Reglamento general de protección de datos): Ley Orgánica 3/2018, de 5 de diciembre, de Protección de Datos Personales y garantía de los derechos digitales. Protección de datos personales, 1-252

Directive 2002/58/EC of the European Parliament and of the Council of 12 July 2002 concerning the processing of personal data and the protection of privacy in the

Edo Basilio, A. (2020). La responsabilidad patrimonial de la administración por negligencias médicas.

Electronic communications sector (Directive on privacy and electronic communications)

European Commission (2018) Communication from the Commission. Artificial Intelligence for Europe (COM/2018/237)

European Parliament legislative resolution of 16 September 2020 on the draft Council decision on the system of own resources of the European Union (10025/2020 – C9- 0215/2020 – 2018/0135(CNS))

Europeo, P. (2017). Resolución del Parlamento Europeo, de 16 de febrero de 2017, con recomendaciones destinadas a la Comisión sobre normas de Derecho civil sobre robótica (2015/2103 (INL)). Recuperado de: http:// www. europarl. europa. eu/doceo/document/TA-8-2017-0051_ES. pdf.

Excellence and trust in artificial intelligence (2018) European Commission

Gaceta de Madrid núm. 206, de 25/07/1889. https://www.boe.es/gazeta/dias/1889/07/25/pdfs/GMD-1889-206.pdf

Gamero, E. (2021). El Enfoque Europeo de Inteligencia Artificial. Revista de Derecho Administrativa, 20, 268-289. Recuperado de https://revistas.pucp.edu.pe/index.php/derechoadministrativo/article/view/25212/ 23802

García, J. E. (2018). Aproximación a una Personalidad Jurídica Específica para los robots. Revista Aranzadi de derecho y nuevas tecnologías, (47), 6.

GARTNER (n.d.). IT Glossary. En Página Web de la consultora Gartner [consulta: 20- 09-2019]. Disponible en: https://www.gartner.com/it-glossary/big-data

Gobierno de España. (2022a). España Digital 2023. Recuperado 1 de julio de 2023, de https://espanadigital.gob.es/sites/espanadigital/files/2022-07/Espa%C3%B1aDigital_2026.pdf

Gobierno de España. (2022b, junio 27). El Gobierno de España presenta, en colaboración con la Comisión Europea, el primer piloto del sandbox de regulación de Inteligencia Artificial en la UE. Recuperado 25 de junio de

2023, de https://planderecuperacion.gob.es/noticias/el-gobierno-de-espana-presenta- en-colaboracion-con-la-comision-europea-el-primer-piloto

Herrera, A. M. (2015). Diseño y construcción de algoritmos. Ediciones de la U.

Hinestroza Ramírez, D. (2018). El Machine Learning a través de los tiempos, y los aportes a la humanidad.

ISO 8373:2012 (2012) Robots and robotic devices — Vocabulary

Jiménez-Poyato Narváez, M. M. (2022). LA RESPONSABILIDAD CIVIL DE LOS PADRES POR LOS ACTOS PERJUDICIALES DE SUS HIJOS MENORES DE EDAD. Estudio comparativo con el Derecho Común Anglosajón.

Jorge Ricart R, Van Roy V, Rossetti F, Tangi L (2022) AI Watch. National strategies on Artificial Intelligence: A European perspective. EUR 31083 EN, Publications Office of the European Union, Luxembourg, doi: 10.2760/385851

José, G. Z. J., Karolina, I. P. M., Alexander, J. T. J., Ignacio, L. C. Á., & James, M. A. B. Inteligencia artificial, su uso llevado a la vida.

Jumilla Hernández, M. (2021). Soluciones de fidelización de clientes e Inteligencia artificial.

Kottasova, I. (2017). Europe calls for mandatory'kill switches' on robots.

Lafferrière, J. N. (2018). Big data y salud: algunas cuestiones ético-jurídicas emergentes. [acceso: 15/05/2023]. Disponible en: Doc. SHS/YES/IBC-24/17/3 REV.2.

López Baroni, M. J. (2019). Las narrativas de la inteligencia artificial. Revista de bioética y derecho, (46), 5-28.

Lorenzo Aparici, M. O. D. (2022). La telemedicina ante el futuro Código Deontológico Médico

Luciano, A. A., Luciano, D. E., Gabbert, J., & Seshadri-Kreaden, U. (2016). The impact of robotics on the mode of benign hysterectomy and clinical outcomes. The International Journal of Medical Robotics and Computer Assisted Surgery, 12(1), 114-124.

Maciá Romero, J. (2019). Modelado del robot RB-1 en V-Rep.

Martín Ruíz, C. (2020). La influencia de la robótica en la evolución de los puestos de trabajo.

Maza, J. I. H. (2023). El control de la discrecionalidad en el ejercicio de la potestad reglamentaria a partir de los principios generales del Derecho y buena regulación: nec magis nec minus. Asamblea: revista parlamentaria de la Asamblea de Madrid, (46), 123-170.

Medinaceli Díaz, K. I., & Silva Choque, M. M. (2021). Impacto y regulación de la Inteligencia Artificial en el ámbito sanitario. Revista IUS, 15(48), 77-113

Mercader Uguina, J. R. (2018). Robótica y riesgos laborales. Archivos de Prevención de Riesgos Laborales, 21(3), 121-122.

Miailhe N, Hodes C, Jeanmaire C, Buse Çetin R, Lannquist Y (2020) Geopolítica de la inteligencia artificial, Política exterior, 34, 6:56-69

MINECO. (2022, 27 junio). El Gobierno de España presenta, en colaboración con la Comisión Europea, el primer piloto del sandbox de regulación de Inteligencia Artificial en la UE. Recuperado 27 de junio de 2023, de https://portal.mineco.gob.es/es-es/comunicacion/Paginas/20220627- PR_AI_Sandbox.aspx

Ministerio de asuntos económicos y transición digital (2020) Estrategia Nacional de Inteligencia Artificial

Moreno Olivares, S. (2020). Control descentralizado para la resolución de conflictos en la navegación con múltiples robots móviles.

Mostenau, N. R., "Artificial Intelligence and Cyber Security–A Shield against Cyberattack as a Risk Business Management Tool–Case of European Countries", Quality-Access to Success, 2020, vol. 21, núm. 175

núm. 311. [Consultado 10 de febrero de 2022]. Disponible en: https://www.boe.es/buscar/pdf/1978/BOE-A-1978-31229-consolidado.pdf

Nunes, H. D. C., Guimarães, R. M. C., & Dadalto, L. (2022). Desafíos bioéticos del uso de la inteligencia artificial en los hospitales. Revista bioética, 30, 82-93.

Organización colegial de dentistas de España (2012). Código español de ética y deontología dental. https://www.codes.es/wp-ontent/uploads/2018/02/codigo.pdf

Pazos Castro, R. (2016). Un caso de responsabilidad por productos defectuosos: los marcapasos y desfribiladores automáticos: Comentario a la Sentencia STJUE de 5 de marzo de 2015 (C-503/13 y C-504/13, Boston Scientific Medizintechnik).

Penco, Á. A. (2004). La aplicación de la Directiva 85/374/CEE sobre responsabilidad por los daños causados por productos defectuosos y su incidencia en los ordenamientos internos. Modificiones normativas e interpretaciones jurisprudenciales. La oportunidad de una reforma en profundidad. Gaceta jurídica de la Unión Europea y de la competencia, (232), 29-48

Ponce Gallegos, J. C., Torres Soto, A., Quezada Aguilera, F. S., Silva Sprock, A., Martínez Flor, E. U., Casali, A., ... & Pedreño, O. (2014). Inteligencia artificial. Iniciativa Latinoamericana de Libros de Texto Abiertos (LATIn).

Prada-Ríos, S. I., Pérez-Castaño, A. M., & Rivera-Triviño, A. F. (2017). Clasificación de instituciones prestadores de servicios de salud según el sistema de cuentas de la salud de la Organización para la Cooperación y el Desarrollo Económico: el caso de Colombia. Revista Gerencia y Políticas de Salud, 16(32), 51-65

Proposal for a regulation of the European Parliament and of the council laying down harmonised rules on artificial intelligence (artificial intelligence act) and amending certain union legislative acts. COM/2021/206 final

Propuesta de actualización del Código deontológico de enfermería española (2022). https://www.codem.es/publicaciones

QuestionPro. (2020). Calculadora de Muestras. [acceso: 20/06/2023]. Obtenido de https://www.questionpro.com/es/calculadora-de-muestra.html

Qureshi, M. O., & Syed, R. S. (2014). The impact of robotics on employment and motivation of employees in the service sector, with special reference to health care. Safety and health at work, 5(4), 198-202.

Real Decreto 729/2023, de 22 de agosto, por el que se aprueba el Estatuto de la Agencia Española de Supervisión de Inteligencia Artificial. Boletín Oficial de Estado, 210, 2 septiembre del 2023. https://www.boe.es/diario_boe/txt.php?id=BOE-A-2023-18911

Real Decreto de 24 de julio de 1889 por el que se publica el Código Civil.

Real Decreto Legislativo 1/2007, de 16 de noviembre, por el que se aprueba el texto refundido de la Ley General para la Defensa de los Consumidores y Usuarios y otras leyes complementarias, BOE núm. 287 § 20555 (2007).

Reglamento (UE) 2016/679 del Parlamento Europeo y del Consejo, de 27 de abril de 2016, relativo a la protección de las personas físicas en lo que respecta al tratamiento de datos personales y a la libre circulación de estos datos y por el que se deroga la Directiva 95/46/CE (Reglamento general de protección de datos). DOUE, núm. 119, de 4 de mayo de 2016.

RESILIENCIA, T. Y. (2020). PLAN DE RECUPERACIÓN TRANSFORMACIÓN Y RESILIENCIA.

Righi, R., Papazoglou, M., Samoili, S., Baillet, M. V. P., Cardona, M., Lopez-Cobo, M., ... & Duch-Brown, N. (2022). AI Watch: AI for enhancing Robotics. The intersection of Robotics with the AI landscape (No. JRC128846). Joint Research Centre (Seville site).

Rome Call for AI Ethics, available in http://www.academyforlife.va/content/pav/en/events/intelligenza-artificiale.html

Romeo Casabona, C. (2020). Inteligencia artificial en salud: retos éticos y legales. Informes anticipando.

Romeo Casabona, C. M. (2020). Inteligencia artificial aplicada a la salud: ¿qué marco jurídico? Inteligencia artificial aplicada a la salud: ¿qué marco jurídico?, 139- 167.

Rouhiainen, L. (2018). Inteligencia artificial. Madrid: Alienta Editorial.

Rull, A. A. (2011). El Proyecto de Ley integral para la igualdad de trato y la no discriminación. InDret.

Sala, J. J. R. (2003). Introducción a la programación. Teoría y práctica (Vol. 3, p. 2).

Smith, B. (2020). Necesitamos una brújula ética ante la IA. Executive excellence: la revista de liderazgo, la gestión y la toma de decisiones, (165), 8-12. Sobradillo, P., Pozo, F., & Agustí, Á. (2011). P4 medicine: the future around the corner. Archivos de Bronconeumología ((English Edition)), 47(1), 35-40.

SSTC Roj: SSTC 254/1993-ECLI:ES:TC:1993:254, (Tribunal Constitucional, de 20 de julio de1993)

SSTC Roj: SSTC 290/2000-ECLI:ES:TC:2000:290, (Tribunal Constitucional, de 30 de noviembre de1993)

STC Roj: STC 134/1999-ECLI:ES:TC:1999:134, (Tribunal Constitucional, de 15 de julio de 1999)

STC Roj: STC 14/2003-ECLI:ES:TC:2003:14, (Tribunal Constitucional, de 28 de enero de 2003)

STC Roj: STC 197/1991-ECLI:ES:TC:1991:197, (Tribunal Constitucional, de 17 de octubre de 1991)

STC Roj: STC 202/1999-ECLI:ES:TC:1999:202, (Tribunal Constitucional, de 8 de noviembre de1988)

STC Roj: STC 204/2001-ECLI:ES:TC:2001:204, (Tribunal Constitucional, de 15 de octubre de 2001)

STC Roj: STC 214/1991-ECLI:ES:TC:1991:214, (Tribunal Constitucional, de 11 de noviembre de 1991)

STC Roj: STC 231/1988-ECLI:ES:TC:1988:231, (Tribunal Constitucional, de 2 de diciembre de1988)

STC Roj: STC 46/2002-ECLI:ES:TC:2002:46, (Tribunal Constitucional, de 25 de febrero de 2002)

STC Roj: STC 94/1998-ECLI:ES:TC:1998:94, (Tribunal Constitucional, de 4 de mayo de1998)

STS Roj: STS 2376/2019- ECLI:ES:TS:2019:2376, (Tribunal Supremo, de 4 de julio de 2019).

STS. Roj: STS 2494/2015–ECLI: ES:TS:2015:2494 (Tribunal Supremo, 19 de mayo de 2015).

STS. Roj: STS 545/2010 – ECLI:ES:TS:2010:545 (Tribunal Supremo, 9 de diciembre de 2010).

STS. Roj: STS 758/2021 – ECLI:ES:TS:2021:758 (Tribunal Supremo, 1 de marzo de 2021).

STS. Roj: STS 765/2022 – ECLI:ES:TS:2022:765 (Tribunal Supremo, de 3 de marzo de 2022)

STS. Roj: STS 818/2022 – ECLI:ES:TS:2022:818 (Tribunal Supremo, 23 de febrero de 2022)

Tang, L., et al., "The impact of artificial intelligence on medical innovation in the European Union and United States", Intellectual Property & Technology Law Journal, 2017, vol. 29, núm. 8, p. 3-11

Teigens, V., Skalfist, P., & Mikelsten, D. (2020). Inteligencia artificial: la cuarta revolución industrial. Cambridge Stanford Books.

Tejedor Oliveros, P. (2020). La carga de la prueba en el proceso civil.

Torres, J. (2020). Python deep learning: Introducción práctica con Keras y TensorFlow 2. Alpha Editorial.

Torres-Cazorla, M. I. (2020). Big Data y Salud: el papel de las Organizaciones Internacionales en esta materia.

Trapé, T. (2022). Desempleo tecnológico y economía post-escasez: de Jeremy Rifkin al aceleracionismo (Bachelor's thesis, Facultad de Ciencia Política y Relaciones Internacionales).

Unión Europea. Tratado de Funcionamiento de la Unión Europea, firmado en Roma el 25 de marzo de 1957. [Internet]. Diario Oficial de la Unión Europea, 01 de enero de 1958. [Consultado 10 de diciembre de 2022]. Disponible en: https://eur- lex.europa.eu/legal-content/ES/ALL/?uri=celex%3A12012E%2FTXT

Vakkuri, V., et al., "The current state of industrial practice in artificial intelligence ethics", IEEE Software, 2020, vol. 37, núm. 4, pp. 50-57

Vásquez-Quispesivana, W., Inga, M., & Betalleluz-Pallardel, I. (2022). Inteligencia artificial en acuicultura: fundamentos, aplicaciones y perspectivas futuras. Scientia Agropecuaria, 13(1), 79-96.

Vela, J. M. M. (2023). IA y responsabilidad civil. Comentarios a las propuestas europeas en materia de derechos de daños por productos defectuosos y adaptación de las normas de responsabilidad civil extracontractual. Revista Aranzadi de derecho y nuevas tecnologías, (61), 5.

Vida, M. N. M. (2023). Crónica Legislativa, Doctrina judicial y Noticias bibliográficas, nº 5. Revista Crítica de Relaciones de Trabajo, Laborum, (5), 219-262.

Vide, C. R. (2018). ROBOTS Y PERSONAS. Revista General de Legislación y Jurisprudencia, (1).

Vinent Coupeau, P. (2019). La potencialidad de la Educación Artística con medios audiovisuales como herramienta pedagógica en el campo de la

Educación Social. Propuesta socioeducativa con estudiantes de Formación Profesional Básica.

White paper On Artificial Intelligence–A European approach to excellence and trust. European Commission. 2020

WHO (World Health Organization). Telemedicine. Opportunities and developments in member states. Report on the second global survey on eHealth. Global Observatory for eHealth series. Volume 2. ISBN 978 92 4 156414 4 ISSN 2220-5462.World Health Organization 2010 [consultado 8 marzo 2022]. Disponible en: http://www.who.int/goe/publications/goe_telemedicine_2010.pdf

World Economic Forum. (2023, 5 abril). La confianza es la piedra angular de la Ley de Inteligencia Artificial de la UE–De esto se trata. Recuperado 8 de marzo de 2023, de https://es.weforum.org/agenda/2023/04/esto-es-lo-que-dice-la-nueva- ley-de-inteligencia-artificial-de-la-union-europea/#:~:text=La%20Ley%20de%20Inteligencia%20Artificial%20fue%20pr opuesta%20originalmente%20por%20la,debatiendo%20en%20el%20Parlament o%20Europeo

Zambrano González, K. (2022). El artículo 37 de la Carta de los Derechos Fundamentales de la Unión Europea sobre la protección del medio ambiente.

Anexos

Anexo 1. Cuestionario sobre la aplicación de la inteligencia artificial en medicina

La inteligencia artificial (IA) se aplica al sector sanitario a través de sistemas de aprendizaje automático que contienen pautas (algoritmos) que permiten recopilar, buscar y ordenar datos clínicos, con el objetivo de ayudar a los profesionales sanitarios en su trabajo.

Este cuestionario tiene como objetivo valorar la experiencia y la opinión de los profesionales sanitarios respecto a la IA.

Se trata de un cuestionario voluntario y anónimo, aprobado por el Comité de Ética de investigación de la Universidad Europea de Madrid (Referencia comité de investigación: CI_23.222).

Muchas gracias por su colaboración.

- ✓ Sexo: Mujer / Varón / Prefiero no decirlo
- ✓ Edad: ……
- ✓ Años totales de experiencia profesional: ……
- ✓ Centro de trabajo (puede señalar más de uno): Hospital / Atención primaria / Consulta en centro de especialidades / Universidad / Otros (especificar) ....

1. ¿Qué labor desempeñas como profesional sanitario?
    - a) Médico/a.
    - b) Enfermero/a.
    - c) Psicólogo/a.

d) Fisioterapeuta.

e) Otros (especificar): ....

2. ¿Estás familiarizado con el uso de IA aplicada en el sector sanitario?

   a) Sí.

   b) No.

3. En la actualidad: ¿se utiliza en tu centro alguna herramienta basada en IA?

   a) Sí.

   b) No.

   c) No lo sé.

4. ¿Utilizas en tu trabajo herramientas que tengan integrada IA?

   a) Sí, habitualmente.

   b) En ocasiones.

   c) No, en ningún caso.

   d) No lo sé.

5. En caso afirmativo: ¿Cuándo fue la última vez que uso en su trabajo una herramienta que tuviera integrada IA?

   a) En las 2 últimas semanas.

   b) Hace más de 2 semanas.

   c) Hace más de 1 mes.

   d) Hace más de 3 meses.

6. ¿Consideras que en el momento actual la IA mejora la asistencia sanitaria?

   a) Sí.

   b) No lo tengo claro.

   c) No.

7. ¿Consideras que en el futuro la IA mejorará la asistencia sanitaria?

   a) Sí.

   b) No lo tengo claro.

   c) No.

8. ¿Consideras beneficiosa la IA para tu trabajo?

   a) Sí.

   b) No lo tengo claro.

   c) No.

9. ¿Utilizas alguna herramienta basada en IA en tu día a día fuera de tu trabajo?

   a) Sí.

   b) No lo tengo claro.

   c) No.

10. ¿Para qué crees que puede ser útil la IA en el futuro? (puedes señalar más de una):

   a) Para hacer diagnósticos más rápidos.

   b) Para hacer diagnósticos más certeros.

   c) Para pautar tratamientos más rápidamente.

   d) Para pautar tratamientos más acertadamente.

   e) Para ahorrar costes económicos.

   f) Para facilitar el acceso a la sanidad a determinadas personas.

   g) Para facilitar la investigación clínica.

   h) Para facilitar así la investigación básica.

   i) Para automatizar labores repetitivas y liberar así al personal sanitario de las mismas.

11. ¿Qué problemas crees que puede tener el uso de las herramientas de la IA en el sector de la salud? (puedes señalar más de una):
    a) Que se sustituyan a los humanos, con pérdidas de trabajos.
    b) Que se deshumanice la medicina, porque la apliquen máquinas.
    c) Que no se conozca bien de quién es la responsabilidad del acto sanitario, porque lo realiza una máquina.
    d) Que falle la tecnología.
    e) Que no puedan acceder a ella las personas con barreras tecnológicas.
    f) Que se dañe la confidencialidad de los usuarios.
    g) Que la formación del personal sanitario empeore, porque sus tareas las realizan máquinas.
12. ¿Crees que la IA llegará a sustituir a los profesionales sanitarios?
    a) Sí, para casi todo.
    b) Sí, en algún área.
    c) No lo sé.
    d) En general no.
    e) No, en ningún caso.
13. ¿Sabes si existe alguna norma que regule la IA en el sector sanitario?
    a) Sí.
    b) Tengo dudas.
    c) No lo sé.
    d) No.

14. ¿Te parece necesario que haya una norma que regule el uso de la IA en el sector sanitario?

    a) Sí.

    b) Tengo dudas.

    c) No.

15. ¿En qué aspectos crees necesaria una normativa sobre IA? (puedes señalar más de una)

    a) En el diagnóstico.

    b) En los tratamientos.

    c) En investigación.

    d) Para la protección de datos.

    e) Para garantizar el consentimiento informado del paciente.

    f) Para establecer la responsabilidad de las decisiones.

    g) Otros (especificar): ....

A continuación, puede expresar libremente alguna opinión en relación con el cuestionario: